HEYNE
BÜCHER

Manfred Köhnlechner

Lebenskraft durch Knoblauch-Therapie

Das Geheimnis des lila Knoblauchs

Überarbeitete und aktualisierte Ausgabe

WILHELM HEYNE VERLAG
MÜNCHEN

HEYNE RATGEBER
08/5233

Umwelthinweis:
Dieses Buch wurde auf chlor- und säurefreiem Papier gedruckt.

Printed in Germany 1999
Umschlaggestaltung: Atelier Bachmann & Seidel, Reischach
Umschlagillustration: Elmar Kohn, Landshut
Satz: Layer, Ostfildern
Druck und Bindung: Ebner Ulm

ISBN 3-453-14469-4

Inhalt

Das lila Wunder Knoblauch

– Ein Vorwort –

Menschen, die mich seit Jahren gut kennen, wissen: Für mich war Knoblauch immer wichtig, in der Küche ebenso wie in der Naturheilkunde. Heute noch habe ich den Duft von Mutters köstlichen Knoblauchgerichten in meiner Nase. Viele Knoblauch-Hausmittel, die ich schon weitergegeben habe, sind ein Stück Geschichte, denn die Heilkraft des Knoblauchs war den Menschen von alters her bekannt. Lange Zeit war der Knoblauch eine von vielen Natur-Therapien .

Eines Tages aber wurde mir klar: Knoblauch ist nicht gleich Knoblauch. Gerade, wenn es um die Gesundheit geht.

Diese Erkenntnis kam mir, als ich das sonnige Spanien und seine Menschen gut kennenlernte, als ich begann, einen Großteil meiner Freizeit und Studierzeit auf der spanischen Insel Ibiza, der Hauptinsel der Pityusen, zuzubringen. Die steilen Küsten der Insel, die beiden mit Kiefern bewachsenen Bergrücken aus Kalk und Ton mit dem flachen Schwemmland und den Salzgärten im Süden faszinierten mich vom ersten Tag an.

Hier hatte ich das erste Erlebnis, das meine intensiven Knoblauch-Forschungen einleitete.

Es war im Grunde genommen ein ganz banales Erlebnis. Ich unternahm einen Spaziergang auf Ibiza und kam an einem Bauernhaus vorbei, wie schon viele Tage zuvor immer zur selben Zeit. Und ich beobachtete wieder einen Mann, der gerade seinem Hund Futter zubereitete: Fleisch, Teigwaren und- eine weiche Masse, die er aus einem Topf holte und mit einem Mörser dazurührte.

Ich wurde neugierig: »Was gibst du da dazu?«

Der Bauer antwortete: »Das ist Knoblauch. Da bekommt der Hund keine Würmer und bleibt frei von Flöhen und anderem Ungeziefer. Und außerdem bleibt er gesund. Wir machen das hier alle so mit unseren Hunden. Wenn der Knoblauch für uns Menschen eine so wunderbare Heilkraft hat, dann muß er auch für die Hunde ein Segen sein.«

Ich fragte weiter: »So wichtig ist Knoblauch für die Menschen auf Ibiza?«

Der Bauer schüttelte den Kopf: »Nicht nur für uns Menschen auf Ibiza. Für alle klugen Menschen in Spanien. Aber die richtige Heilkraft hat nicht der Knoblauch ganz allgemein. Es ist im speziellen unser spanischer Knoblauch. Der hat es in sich!«

Er kniff die Augen zusammen, kramte in seiner Hosentasche und holte eine frische Knolle Knoblauch hervor, die er mir in die Hand drückte. Ich betrachtete sie. Ein eigener Reiz ging von ihr aus, wie sie da mit ihren wohlgeformten Zehen als symmetrische Einheit in der Sonne glänzte. Diese Knolle sah anders aus als der Knoblauch, den ich bisher kannte.

»Das ist ein besonderer Knoblauch«, nickte der Bauer. »Es ist *ajo morado*. Der lila Knoblauch aus Spanien. Er ist für uns ein Jungbrunnen und Medizin in einem. Meine Verwandten bauen ihn in der Mancha an. Sie müssen die Leute kennenlernen. Sie strotzen vor Vitalität, sind klug bis ins hohe Alter und brauchen keinen Arzt.«

Ich steckte die lila schimmernde Knoblauchzehe ein. Und ab diesem Augenblick ließ mich der Gedanke an den lila Knoblauch nicht mehr los. Ich mußte mehr darüber erfahren, mußte die Heilkraft des *ajo morado* erforschen.

Mein nächstes Reiseziel war die Mancha. Drei Autostunden von Madrid im Gebiet Las Pedroñeras (Capital del ajo) sah ich sie dann vor mir – die unendlichen Knoblauchfelder. Und ich lernte die Männer und Frauen kennen, die hier Tag für Tag harte Arbeit auf den Feldern verrichten. Ich habe mit ihnen gegessen, getrunken, gearbeitet, gesprochen und gescherzt. Und ich habe Sie bewundert. Trotz der enormen Strapazen sind sie fröhlich, vital und auch mit zunehmendem Alter von bewundernswerter Energie. Vor allem die Menschen ab vierzig sind in dieser Gegend fast nie krank, kennen kaum Durchblutungsstörungen, sind geistig überaus wach, klagen niemals über Magen- und Darmprobleme, bleiben frei von Erkältungskrankheiten, leiden selten an Bluthochdruck und gehören nicht zu den Risikogruppen für Herzinfarkt und Schlaganfall.

Sie haben ein Geheimnis: Sie lieben den lila Knoblauch, und sie essen ihn zu jeder Tageszeit. Und sie wissen, daß er für sie ein Heilmittel ist.

Als ich das gesehen und erlebt hatte, war für mich eines klar: Ich wollte mehr über diesen lila Knoblauch und seine wunderbare Kraft erfahren. Ich wollte in die Geheimnisse des spanischen lila Knoblauchs, gewachsen in roter Erde, eindringen. Heute weiß ich: Ich konnte damit ein neues Tor der Naturheilkunde aufstoßen. Und ich habe so den Weg zu einem völlig neuen, besonders wirksamen Knoblauch-Programm für uns alle gefunden.

So ist dieses Buch entstanden. Das Buch über den spanischen lila Knoblauch, der in der Naturheilkunde einen vorrangigen Platz einnimmt.

Für mich ist er das lila Wunder Knoblauch ...

I

Die Heilkraft des lila Knoblauchs

Schon Hippokrates kannte den Unterschied

– Die Geschichte des lilafarbenen Knoblauchs –

Die Ursache für den ersten Streik: Der lila Knoblauch

Knoblauch zählt zu den ältesten Nutzpflanzen der Welt. Aus Höhlenzeichnungen weiß man, daß die Menschen der Vorzeit auf der Suche nach eßbaren Pflanzen und Kleintieren auch die wild wachsenden Laucharten entdeckten. Von Anfang an war der Knoblauch ein Favorit und früh schon als Heilmittel bekannt, wie man deutlich aus vielen Darstellungen entnehmen kann. Als die Menschen dann Getreide anzubauen begannen, nahm der Knoblauch unter den Wurzelgemüsen einen vorrangigen Platz ein.

Es läßt sich wissenschaftlich nicht mehr genau nachweisen, wann der Knoblauch kultiviert und zur Gewürz- und Heilpflanze ernannt wurde. Das ist jedenfalls der Weg, den der Knoblauch zu uns genommen hat:

- Zuerst wurde er in den zentralasiatischen Steppen angebaut. Man vermutet, daß die Urheimat des Knoblauchs in der Kirgisischen Steppe zwischen Uralfluß und Aralsee liegt.
- Von den zentralasiatischen Steppen wurde er dann gleichzeitig nach Ost und West verbreitet. In China gab es bereits 1000 vor Christi Geburt Schriftstücke, die den Knoblauch seiner Heilkraft wegen lobten. Zur gleichen Zeit gewann er auch in Indien Bedeutung.

Das älteste Knoblauchrezept ist mit Keilschrift geschrieben und stammt aus dem Jahre 2000 v. Chr.

- Die älteste Schrift allerdings, die von der wunderbaren Kraft des Knoblauchs berichtet, gehörte zu den Tontafeln der babylonischen Könige. Wir wissen heute, daß bereits in der Zeit um 2000 vor Christi Geburt Knoblauch in Vorderasien und im Mittleren Orient auf riesigen Feldern gezogen wurde. Die babylonischen Könige ließen sich die Knoblauchknollen in ›Tausenden Krügen und Säcken‹ anliefern. Aber nicht nur die babylonischen Herrscher, auch das einfache Volk liebte Knoblauch. Allerdings fällt den Wissenschaftlern auf, daß schon in diesen uralten Aufzeichnungen Unterschiede gemacht werden. Da ist mitunter die Rede von einem ganz besonderen Knoblauch, von einem ›Knoblauch, der das Strahlen des Himmels wiedergibt‹, von einem blauen oder ›blau schimmernden‹ Knoblauch. Diese spezielle Knoblauchart, bei der es sich zweifelsohne um den heutigen lilafarbenen Knoblauch handelte, wurde vor allem von Königen und Priestern zu Heilzwecken gegessen oder eingerieben.

Eine wesentliche Rolle in der Geschichte des lilafarbenen Knoblauchs spielt Ägypten. Wir wissen alle, daß die Ägypter mit Leidenschaft Knoblauch aßen und ihn auch als Heilmittel einsetzten. Dieses Wissen ist vor allem dem deutschen Forscher Georg Moritz Ebers (1837–1898) zu danken. Er entdeckte einen Papyrus aus der Zeit von 1550 vor Christi Geburt, der als Ebers-Codex in die Geschichte eingegangen ist und 1878 veröffentlicht wurde. Aus diesem Papyrus kann man sehr interessante Details über die Bedeutung des Knoblauchs zu dieser Zeit entnehmen:

- Der Knoblauch war sehr kostbar, vor allem jener, der den Schimmer des Abendhimmels in sich trug, womit zweifelsohne der lila Knoblauch gemeint war. Man bekam für acht Kilo einen männlichen Sklaven.
- Er galt nicht nur als Heilmittel, sondern auch als Zaubermittel für die Liebeskraft und war daher den Priestern verboten.

Die Sklaven erhielten während des Pyramidenbaus in Ägypten zur Kräftigung täglich Knoblauch.

- Er wurde mit als Hauptnahrungsmittel für Arbeiter eingesetzt, im speziellen für die Pyramidenbauer. Der griechische Geschichtsschreiber Herodot berichtet von seiner Reise ins Nildelta: Für die Verpflegung der Arbeiter, die beim Bau der berühmten Cheops-Pyramide dabei waren, wurde Knoblauch im Wert von umgerechnet heute 1,2 Millionen Mark gekauft. Man wollte damit die Gewähr haben, daß die Männer Durchhaltekraft hatten, keine Krankheiten und Schwächeanfälle bekamen und fröhlich blieben.
- Einmal aber, so geht aus den Berichten Herodots hervor, klappte etwas nicht mit der Anlieferung des Knoblauchs. Bei einem Seesturm versanken einige Schiffe, die den Knoblauch aus dem Mittelmeerraum bringen sollten. Es gab zu wenig und keine entsprechende Qualität an Knoblauch. Die Männer wurden nämlich mit einem besonders heilsamen, kräftigen Knoblauch versorgt, der einen farbigen Schimmer ausstrahlte. Zweifelsohne war das damals schon der lila Knoblauch. Und als sie dann eines Tages zu wenig von den Knollen bekamen und nicht die farbigen, die sie so schätzten, da inszenierten sie den allerersten Streik in der Geschichte der Arbeit. An der

Pyramide wurde erst Tage später weitergearbeitet, als der heißersehnte Knoblauch wieder da war und verteilt wurde.

Die Griechen und Römer waren zuerst sehr vorsichtig im Umgang mit Knoblauch, sie verachteten auch die knoblauchessenden Ägypter und Juden.

In China dagegen galt der Knoblauch ausschließlich als Heilmittel. Als Nahrungsmittel hatte er wenig Bedeutung. Man trank Knoblauchsaft gegen Verdauungsprobleme und zum Jungbleiben. Relativ unbekannt ist auch, daß die Chinesen 200 vor Christi Geburt – zur Zeit der Han-Dynastie unter Kaiser Wu-Ti – den Knoblauch vor allem in so großen Mengen anbauten, um Knoblauchsaft zu gewinnen. Bei der Akupunktur und Akupressur wurden die betreffenden Meridian-Punkte vor der Behandlung mit dem Saft des Knoblauchs eingerieben. Dadurch wurde die Wirkung der Akupressur und Akupunktur wesentlich verstärkt.

In Indien wurde Knoblauch bereits gezielt gegen Erkältungskrankheiten, Magenbeschwerden, Hautunreinheiten, Schwindsucht, Fleckfieber und Aussatz eingesetzt. Die Inder schrieben dem Knoblauch außerdem magische Kräfte zu. Auch hier wird in alten medizinischen Schriften wieder von einem blauen oder rötlichen Knoblauch berichtet, was schon ein Hinweis auf die besondere Wirksamkeit des lilafarbenen Knoblauchs ist.

Vom Knoblauch-Talisman zum Potenzmittel

Die Griechen und Römer der Antike freundeten sich erst nach und nach mit dem Knoblauch an. Zu einer besonderen Anerkennung der Knolle kam es durch den Dichter Homer, der um 800 vor Christi Geburt in seiner ›Odyssee‹ ein Loblied auf den Knoblauch sang. Er pries den Knoblauch als Potenzmittel und als Zaubermittel. Als Odysseus nämlich auf einer Insel Circe begegnete, verwandelte diese die Gefährten in Schweine. Er aber aß schnell Knoblauch, entging dem Bann und hatte riesigen Erfolg: Die gute Circe verschonte ihn und verfiel in rasende Liebe zum König von Ithaka, der seit der Zerstörung Trojas umherirrte.

Sicher war die ›Odyssee‹ dafür mitverantwortlich, daß viele Griechen den Knoblauch als Talisman umgehängt trugen, weil sie sich Potenz-Hilfe, Schutz vor Bösem und vor Krankheiten erwarteten. Bräute im antiken Griechenland wurden oft vor ihrer Hochzeit 40 Tage lang mit Knoblauchketten behängt, damit sie vor bösen Einflüssen bewahrt blieben.

Überzeugt von der Heilkraft des Knoblauchs war der Vater der Naturheilkunde und Schulmedizin, der griechische Arzt Hippokrates, der 500 vor Christi Geburt auf der Insel Kos eine medizinische Schule aufbaute. Seine Schriften waren für viele Jahrhunderte nach ihm richtungsweisend für die Heilkunde. Er verschrieb und verabreichte seinen Patienten Knoblauch gegen Infektionen, Darmerkrankungen, Asthma, Geschwüre, Wassersucht, Epilepsie, Aussatz, aber auch gegen Schwächeanfälle und gegen Alterserscheinungen.

Gemeinsam mit seinem Schüler Theophrast Tyrtamos befaßte er sich dann mit dem Anbau des Knoblauchs. Und erstmals in der Geschichte erscheint deutlich der lilafarbene Knoblauch als besonders wirkungsvolles Heilmittel. In Theophrasts ›Geschichte der Pflanzen‹ wird über die Arten des Knoblauchs berichtet: »Mit unvergleichlicher Schnelligkeit können manche Krankheiten besiegt werden, wenn der Knoblauch, der in ungeschältem Zustand an seiner Haut einen lilafarbenen Schimmer zeigt, verordnet und eingegeben wird. Das ist ein Zeichen für einen besonders wirksamen Saft.«

Hippokrates legte demnach bei seinen Therapien großen Wert auf die Verwendung von lilafarbenem Knoblauch. Er kannte somit bereits den medizinischen Unterschied.

Die römischen Legionäre erhielten diesen Knoblauch als allgemeines Kräftigungsmittel. Der Dichter Vergil berichtete um 100 vor Christi Geburt von der ›stinkenden Knolle‹. Aus seinen Schriften wissen wir heute, daß neben den Soldaten die schwer arbeitende Landbevölkerung Knoblauch aß, um gesund und kräftig zu bleiben, da sie in wasserarmen Gebieten oft faules Wasser trinken mußten. Der römische Gelehrte Plinius Secundus – als Plinius der Ältere bekannt – stellte in seinen naturheilkundlichen Aufzeichnungen 60 Knoblauch-Therapien gegen die verschiedensten Krankheiten vor. Auch der griechische Arzt Pedanios Dioskorides Anazorbaeus, der als Militärarzt bei den Legionen der römischen Kaiser Claudius und Nero arbeitete und an den Feldzügen in Nordafrika und Gallien teilnahm, verfaßte eine Lobeshymne auf die Heilkraft des Knoblauchs: gegen Schlangenbisse, Läuse, Wanzen, Husten, Tollwut, Ekzeme, Zahnschmerzen und vieles andere mehr. Man findet in seinen Schriften die interessante Bemerkung: »Wer schneller und besser zu einer heilenden Wirkung kommen möchte, muß den außergewöhnlichen Knoblauch verwenden, der aussieht, als hätte ihn jemand mit blaurotem Atem angehaucht.«

Auch Galenus, der Leibarzt des Marc Aurel – ein bedeutender Arzt der Antike –, riet zum oftmaligen Verwenden des Knoblauchs als Arznei bei vielen Erkrankungen, mit der besonderen Bemerkung: »Du mußt den nehmen, den mein kaiserlicher Herr als stinkende Rose bezeichnet, weil er nicht weiß, sondern farbig ist!«

Nicht nur Mohammed kannte den lila Knoblauch

In vielen Schriften des Islam wird deutlich, daß der Prophet Mohammed in bezug auf den Knoblauch eine zweigeteilte Meinung hatte. Auf der einen Seite schätzte er ihn als Genußmittel nicht so sehr; ihn störte der durchdringende Geruch. Auf der anderen Seite war er von der Heilkraft überzeugt und gab sogar Anweisungen, Knoblauch gegen verschiedene Erkrankungen und Leiden einzunehmen. Interessant ist sein Hinweis auf eine Art Knoblauch, die besonders erfolgreich wirkt und die Allah mit zarter Lilienfarbe gekennzeichnet hat.

Diesen Hinweis findet man auch in den naturheilkundlichen Schriften des Abu Mansur Ben Ali Harawi aus dem 10. Jahrhundert nach Christi Geburt. Er betont, daß der ›besondere Knoblauch‹ die natürliche Wärme des Körpers steuert und die Verdauung regelt. Es ist dies der erste historische Hinweis für die Wirkung des lila Knoblauchs gegen Durchblutungsstörungen und Magen- sowie Darmprobleme.

Die Germanen kannten verschiedene wildwachsende Arten von Knoblauch, waren sich aber zunächst der heilenden Wirkung nicht bewußt, soweit man das heute beurteilen kann.

Die Araber waren es, die den Knoblauch als Heilmittel nach Spanien brachten. Und die Spanier haben von hier aus den Knoblauch in ganz Mittel- und Nordeuropa bekannt gemacht. Es gibt Wissenschaftler, die behaupten, daß die Spanier die Aufgabe übernommen hatten, den Knoblauch weltweit als Heilmittel in Umlauf zu bringen. Man kann das historisch Schritt für Schritt darlegen. Es ist daher nicht verwunderlich, daß Spanien auch heute noch das klassische Land für den besonders wirkungsvollen und heilsamen Knoblauch ist.

- Zuerst wurde der Knoblauch im frühen Mittelalter in Spanien gewerblich angebaut.
- Von dort zogen dann zwei wichtige ›Knoblauch-Botschafter‹ aus: wandernde Mönche und spanische Seefahrer.
- Im frühen Mittelalter wurde durch die Mönche die Knoblauchkultur von Kloster zu Kloster gebracht. Bald gab es keinen Klostergarten, in dem Knoblauch nicht als Küchengewürz und als Heilmittel gezogen wurde.
- Spanien wurde damit zu einem wichtigen Knotenpunkt für die Verbreitung des Knoblauchs.
- Schon damals wurde ein Unterschied zwischen dem weißen und dem lilafarbenen Knoblauch gemacht. Die Spanier rühmten sich, den wirkungsvollsten Knoblauch zu ernten.

Heinrich V. von Frankreich erhielt den Beinamen ›Le Roi d'Ail‹ (Knoblauchkönig), weil er bei seiner Geburt mit Wein und Knoblauch gesalbt wurde. Außerdem führte er den Knoblauch bei Hofe ein – als anregendes und antiseptisches Mittel.

Es ist nicht verwunderlich, wenn der spanische Dichter Cervantes seinen Ritter von der traurigen Gestalt – Don Quijote – als Liebhaber des Knoblauchs darstellt, der vor allem den in der Mancha angebauten Knoblauch über alles schätzt.

Der Franzosenkönig Heinrich V. ließ sich auf persönlichen Wunsch den Knoblauch ausschließlich aus Spanien kommen. Und auch am russischen Zarenhof galt es als besonders schick, spanischen Knoblauch zu essen.

Lila Knoblauch für die Indianer

In der Seefahrt spielte der Knoblauch eine bedeutende Rolle. Die Spanier nahmen ihn an Bord, weil sie sich dadurch vor vielen Krankheiten schützen konnten. Denn eine große Gefahr bedeuteten die leicht verderblichen Wasservorräte auf den langen Eroberer-Reisen. Jedes Schiff, das mit spanischen Konquistadoren auslief, war mit Knoblauch beladen. Und daher verdanken die Bewohner Nordamerikas den spanischen Seefahrern und Eroberern das Wissen um den Knoblauch. So wie Kolumbus Tabak, grünen Paprika und Kartoffeln von den Indianern kennenlernte und nach Europa brachte, so lernten umgekehrt die Indianer den spanischen Knoblauch kennen.

Vasco da Gama, der über die Erkrankungen seiner Seeleute im Jahr 1498 genau Buch führte, berichtet von den wunderbaren Erfolgen mit Knoblauch, wobei er immer wieder auf den besonders heilkräftigen lilafarbenen Knoblauch aus der Mancha hinweist.

Aus den Schiffstagebüchern der spanischen Eroberer weiß man heute, wie der Knoblauch den Männern verabreicht wurde: Sie aßen die Knoblauchzehen mit Zwieback, um gesund zu bleiben. Sie tauchten die Knoblauchzehen in Honig und kauten sie, um vital zu bleiben und um im Hafen besondere Manneskraft zu besitzen. Wer unter Schnupfen litt, hielt sich den Knoblauch kleingehackt unter die Nase und atmete tief ein. Gegen Verwurmung halfen Einläufe mit Knoblauchwasser. Und gegen Depressionen sowie bei Magen- und Darmproblemen tranken die Männer Knoblauchschnaps.

Das Rezept dafür ist bis heute erhalten: Eine Handvoll Knoblauchzehen wird in dünne Scheiben geschnitten, diese in einen Keramiktopf oder in ein Glasgefäß gelegt und mit einem Liter Wacholderschnaps übergossen. Das Ganze muß ein paar Wochen stehen bleiben.

Der Knoblauch war an Bord von Schiffen so beliebt, weil man ihn sowohl am Beginn der Reise in frischem Zustand, aber auch später auf hoher See in getrocknetem Zustand verwenden konnte.

Im christlichen Kulturkreis – vorwiegend in Mitteleuropa – wurde der Knoblauch als spanische neue Heilpflanze mit Begeisterung aufgenommen. Die erste schriftliche Erwähnung darüber findet man in den Aufzeichnungen der Benediktinerin Hildegard von Bingen, die von 1098 bis 1179 lebte. Der nächste, der den Knoblauch intensiv in seine Therapien einbaute, war Theophrastus Bombastus von Hohenheim, besser als Paracelsus bekannt, der von 1493 bis 1541 lebte. Auch bei ihm finden sich Hinweise auf eine besondere Knoblauchart mit lilafarbenen Zehen.

Der Siegeszug des Knoblauchs begann mit der Erfindung der Buchdruckerkunst. Erstmals erschienen Gesundheits- und Heilkräuterbücher in hohen Auflagen. So wurde das Wissen um die Heilkraft des Knoblauchs rasch verbreitet.

Lila Knoblauch gegen die Pest

Während in Mitteleuropa der Knoblauch als Nahrungsmittel und Gewürz mehr und mehr in feineren Kreisen abgelehnt wurde, gewann er als Heilmittel immer mehr Bedeutung. Vor allem, weil die europäische Bevölkerung von einer Reihe von Seuchen heimgesucht worden war. Was wenige wissen: Knoblauch wurde als wichtiges Vorbeugungsmittel und Arznei gegen die gefürchtete Pest eingesetzt. Heute ist es bekannt, daß der Knoblauch kein Heilmittel gegen die Pest sein konnte. Aber er half, den Körper gegen Ansteckung zu schützen, die inneren Abwehrkräfte aufzubauen und die Folgen der mangelnden Hygiene zu bekämpfen.

Während der Pestseuche in deutschen Landen gab es in vielen Städten sogenannte Pest-Verordnungen; sie schrieben vor: Krankenpersonal und Totengräber mußten den ganzen Tag Knoblauch kauen – »wegen seiner großen Krafft und Würckung wider die Pest«. Und oft wird eigens darauf hingewiesen: »Es ist von Vortheile, nicht den ordinären Knoblauch weißer Farbe einzunehmen, sondern es bringt mehr an Sieg über die Krankheit, wenn man – so vorhanden – den farbigen Knoblauch wählet …!«

Zweifellos war damit der lilafarbene Knoblauch gemeint. Dazu gibt es eine Geschichte aus dem alten Wien. Als dort die Menschen zu Tausenden – von der Pest dahingerafft – starben und in die sogenannten Pestgruben geworfen wurden, weil alle Gräber auf den Friedhöfen voll waren, da gab es einen Mann, den man den ›lieben Augustin‹ nannte. Er fürchtete sich nicht vor der Pest, ging singend und musizierend durch die Stadt, sprach mit Pestkranken und tröstete sie. Eines Tages war er verschwunden, und alle waren der Meinung, er wäre nun auch von der Seuche dahingerafft. Dann fand man ihn inmitten von Pestleichen in einer Pestgrube. Doch er war nicht tot. Er war bloß betrunken und schlief. Als man ihn aus der Pestgrube holte und fragte, warum er keine Angst vor der Pest hätte, da griff er in seine Hosentasche und zeigte allen eine Knoblauchknolle und meinte: »Der Alkohol und der tägliche Genuß von diesem Knoblauch halten mich gesund!«

In vielen Geschichten vom lieben Augustin, dem auch ein Wiener Lied gewidmet wurde, heißt es, daß er einen ganz besonderen Knoblauch kaue, den er sich von einem spanischen Gemüsehändler besorge. Mitunter ist von einem Knoblauch die Rede, der ›wie ein Edelstein‹ schimmere.

Wer jemals eine Knolle vom lila Knoblauch in Händen gehalten hat, weiß sofort, was damit gemeint ist.

Die Stadt Chicago erhielt ihren Namen nach dem Lagerplatz einer Forschergruppe, der ›Cigaga-Wunj‹ genannt wurde, was ›Ort des wilden Knoblauchs‹ bedeutet.

Eine Wunderpflanze wird analysiert

Im Verlauf des frühen und späteren Mittelalters galt der Knoblauch als Wunderpflanze. Und in den vielen Kräuterbüchern, die mit der Erfindung der Buchdruckerkunst erschienen sind, wird sehr oft erwähnt, wie wirksam er gegen böse Geister, Dämonen und Vampire ist. Mit der Zeit aber begannen sich Wissenschaftler mit der Frage zu befassen: Warum ist Knoblauch so ein wunderbar wirksames Heilmittel gegen eine Reihe von Krankheiten?

Mit dem 19. Jahrhundert begann die Zeit des Forschens. Der Knoblauch wurde analysiert. Ärzte interessierten sich für die Knolle.

Es gab viele Impulse dafür:

- Im amerikanischen Bürgerkrieg wurde bei den Truppen der nordamerikanischen Staaten Knoblauch als natürliches Antibiotikum eingesetzt. Die ausgelaugten Soldaten, die an Darminfektionen und Typhus litten, kamen schnell wieder auf die Beine.

Im Kaukasus – wo einer verbreiteten Meinung nach die ältesten Menschen in Europa leben sollen – nennt man den Knoblauch ›die orientalische Ananas der ewigen Jugend‹.

- In der russischen Armee galt Knoblauch zu allen Zeiten als Schutz und Heilmittel gegen Infektionen und Schwächeanfälle. Das ist mit ein Grund, warum Knoblauch auch als ›russisches Penicillin‹ in die Geschichte eingegangen ist. Dazu gibt es vor allem aus dem Zweiten Weltkrieg interessante medizinische Berichte. Sowjetsoldaten hielten trotz mangelnder Nahrungsversorgung die weiten Märsche nach Mitteleuropa durch, weil sie regelmäßig Knoblauch zum Kauen bekamen.

Der französische Biologe und Chemiker Louis Pasteur (1822 bis 1895), dessen Bemühen es war, seine Mitmenschen vor gefährlichen Bakterien zu schützen, stieß bei seinen Forschungen auf die faszinierende Wirkung des Knoblauchs. Er formulierte die erste wissenschaftliche Aussage: Im Knoblauch befinden sich Substanzen, die nachweislich antibakterielle Eigenschaften haben. Und er untermauerte damit Jahrtausende altes Wissen und uralte Erfahrungen. Pasteur soll überwiegend mit Knoblauch aus Spanien gearbeitet haben …

Weitere detaillierte Untersuchungen des Knoblauchs gibt es von den deutschen Chemikern Theodor Wertheim und Friedrich Wilhelm Semmler. Sie begannen die einzelnen Bestandteile des Knoblauchs zu erforschen. Die umfassendste Knoblauch-Studie wurde 1944 von dem amerikanischen Forscher Christoph James Cavallito und seinem Mitarbeiter Bailey durchgeführt. Die beiden entdeckten dabei die Hauptwirkstoffe des Knoblauchs, auf denen sich heute die medizinische Wertschätzung der Knolle aufbaut. Weitere wertvolle Arbeiten lieferten danach die beiden Forscher Prof. Dr. Arthur Stoll und Ewald Seebeck.

Die Untersuchungen erbrachten Schritt um Schritt soviel Neues über den Knoblauch, daß sich die Wissenschaftler ganz allgemein auf die Untersuchung von Knoblauch konzentrierten. In den Analysen ist vorerst kein Unterschied zwischen weißem und lilafarbenem Knoblauch erwähnt. Man weiß heute, daß die Forschungen wahllos zum Teil mit weißem, zum Teil mit lilafarbenem Knoblauch durchgeführt wurden. Es wird aber in den Studien darauf kein direkter Bezug genommen.

Eines ist bei Betrachtung der Geschichte des Knoblauchs klar: Man hat ihn zu allen Zeiten als Heilmittel geschätzt, zuerst instinktiv, später auf Grund von Erfahrungswerten und wissenschaftlichen Forschungen. Und sehr oft wurde der lilafarbene Knoblauch aus Spanien hervorgehoben und als besonders wirksam dargestellt.

Das macht den lila Knoblauch so wertvoll

– Eine Analyse der faszinierenden Heilkraft –

Sie haben sicher schon oft von der unglaublichen Wirkung des Knoblauchs gegen Krankheiten und frühzeitiges Altern gehört. Sie haben sicher auch gehört, daß in einer Knoblauchzehe so viele verschiedene Kräfte wirken: kleine Mengen von Substanzen, die im menschlichen Organismus die Gesundheit unterstützen und gewaltige Reaktionen auslösen.

Und vielleicht haben Sie sich gefragt: Was macht denn diesen Knoblauch so besonders wertvoll?

Ich möchte Ihnen daher zum besseren Verständnis des Phänomens Knoblauch seine Inhaltsstoffe vorstellen:

- Allein schon die Zusammensetzung ist interessant. So eine Knoblauchzehe besteht zu 65% aus Wasser, zu 26% aus stickstofffreien organischen Substanzen, 7% stickstoffhaltigen Substanzen, 1,5% Mineralstoffen und Spurenelementen und 0,1 bis 0,5% ätherischem Knoblauchöl. Diese Untersuchung gilt für Knoblauch allgemein.

Beim lilafarbenen Knoblauch liegt der Anteil an ätherischem Öl meist bei 0,4 bis 0,5%. Allein das ist auch für den Laien ein Beweis für die intensive Wirkung auf Grund hoher Ölanteile.

Das ist im lila Knoblauch enthalten

Alliin Das Alliin ist die Grundsubstanz und Ausgangsbasis für mehrere schwefelhaltige Verbindungen im Knoblauch, die die Hauptkomponenten in der Knolle darstellen. Es sind dies u. a. Diallyldisulfid, Dipropyldisulfid, Diallyltrisulfid und Diallyltetrasulfid. Das Alliin ist die Vorstufe des medizinisch so wichtigen Knoblauch-Wirkstoffes Allicin. Es ist geruchlos und hat keine antibakterielle Wirkung. Doch es ist ungemein wichtig, weil ohne dieses Alliin niemals das Allicin im Knoblauch gebildet werden kann.

Alliinase Bei den Alliinasen handelt es sich um bestimmte Eiweißkörper. Sie haben die Aufgabe, im Knoblauch und später im menschlichen Organismus ganz gezielte biochemische Vorgänge einzuleiten. Daher kann man sie als Bio-Katalysatoren bezeichnen. Im Knoblauch selbst haben die Alliinasen eine sehr wesentliche Aufgabe: Sie arbeiten intensiv mit einem weiteren Eiweißkörper – auch Enzym genannt – zusammen: nämlich der Alliin-Lyase. Und die beiden machen eigentlich erst die Umsetzung des Alliins in das wichtige Allicin möglich.

Andere Enzyme Außer den Alliinasen kann man im Knoblauch noch weitere Eiweißkörper nachweisen. Es sind dies die Enzyme Arginase, Myrosinase, Peroxidase, Tyrosinase und Desoxyribonuclease. Sie alle sind kleinste Bausteinchen für die Gesamtwirkung des Knoblauchs.

Allicin Das Allicin wird heute meist als die Hauptsubstanz des Knoblauchs bezeichnet. Im Knoblauchöl ist diese Substanz in besonders hoher Konzentration enthalten. Es wird aus dem Alliin gebildet. Das Allicin ist farblos und riecht stark. Das Allicin ist für den typischen Knoblauchgeruch mitverantwortlich. Das Allicin beeinflußt den menschlichen Organismus am stärksten. Der Gehalt an Allicin ist für die medizinische Qualität des Knoblauchs ausschlaggebend.

Die im Knoblauch enthaltenen Wirkstoffe Allicin und Garlicin wirken wie Antibiotika:
Sie sind gegen bestimmte Krankheitserreger ähnlich wirksam wie Penicillin.

Daher die hervorragende Rolle des lila Knoblauchs aus Spanien: sein Allicingehalt liegt stets sehr hoch. Allicin ist ein natürliches Antibiotikum, tötet Krankheitserreger ab, hemmt deren Wachstum, bekämpft Infektionskrankheiten und stärkt die körpereigenen Abwehrkräfte. Die medizinische Bedeutung des Allicins ist besonders mit Zahlen beeindruckend darzustellen: 0,1 mg Knoblauchsaft ist genauso wirksam wie 10 µg Penicillin (15 I.E.) oder 30 µg Tetracyclin.

Ajoene Amerikanische Forscher – Dr. Eric Block und Dr. O´Connor – haben in den Jahren 1971 bis 1975 die Ajoene im Knoblauch isoliert. Es handelt sich um Substanzen, die sich aus dem Trans- und dem Cis-Ajoen zusammensetzen. Die Ajoene können das Blut verdünnen, verhindern somit eine Blutplättchenansammlung, die zu Adernverkalkung, Herzinfarkt und Schlaganfall führen kann.

Adenosin Die Substanz Adenosin ist im Knoblauch sehr reichlich nachzuweisen. Sie hat ebenfalls die hervorragende Eigenschaft, im menschlichen Organismus zu verhindern, daß sich Blutplättchen zusammenballen und eine Thrombose auslösen. Dieses Adenosin ist auch in anderen Naturprodukten und Nahrungsmitteln enthalten. Aus ihnen aber wird es im Verdauungstrakt nicht aufgenommen, sondern wieder abtransportiert. Nur wenn Adenosin in Form von Knoblauch in den Organismus gelangt, wird es vom Körper aufgenommen und verwertet. Die Aufnahme des Adenosins wird erst durch ebenfalls im Knoblauch enthaltene schwefelhaltige Inhaltsstoffe ermöglicht, die gewissermaßen als

›Schlepper‹ fungieren. Dies zeigt, wie sehr die einzelnen Wirkstoffe im Knoblauch harmonisch zusammenspielen und sich ergänzen.

Calcium Knoblauch enthält den Mineralstoff Calcium, der für unsere Knochen, für die Zähne, für Nerven, Muskeln und Blutgerinnung wichtig ist. Es ist auch geklärt, warum man im vergangenen Jahrhundert den Frauen vorbeugend gegen den ›Altersbuckel‹ reichliches Knoblauch-Essen angeraten hat. Knoblauch wird durch seinen Calcium-Gehalt auch zu einer sinnvollen, unterstützenden Vorbeugung gegen die vor allem von Frauen gefürchtete Osteoporose. Viele Ärzte und Apotheker raten jungen Frauen, die Angst vor Osteoporose haben, die kombinierte Einnahme von täglich sechs Knoblauch-Kapseln und einer Calcium-Brausetablette in $^1/_8$ Liter Wasser. Diese Kur sollte zweimal jährlich für sechs Wochen durchgeführt werden. Aus der Brausetablette wird nämlich das Calcium rascher in den Organismus geführt und kann die Wirkung multiplizieren.

Cystein Das Cystein im Knoblauch ist eine Aminosäure. Sie hat eine spezielle Bedeutung in unserer umweltbedrohten Zeit. Das Cystein macht das Knoblauchöl zu einer Entgifter-Substanz ersten Ranges. Es wirkt direkt auf unsere Leber – unsere körpereigene Entgiftungszentrale – baut die Leberzellen auf, reaktiviert und regeneriert sie und gibt damit der Leber Schwung. Darin liegt auch das Geheimnis, warum Menschen, die reichlich Knoblauch zu sich nehmen, den Umwelteinflüssen besser gewachsen sind.

Steroide Die Steroide im Knoblauch sind Substanzen, welche die körperlichen Funktionen stimulieren. Sie steigern die Aktivität aller Lebensvorgänge und sind auch eine aphrodisierende Vitalquelle für Mann und Frau. Da das Reizempfinden durch die Steroide erhöht wird, werden Potenzschwäche und sexuelle Wechseljahrbeschwerden ausgeglichen und bekämpft. Das ist auch die Erklärung dafür, daß Knoblauch – vor allem der lilafarbene Knoblauch – seit Jahrhunderten als einzigartiges Potenzmittel propagiert wird.

Flavonoide Die Flavonoide im Knoblauch sind Pflanzenfarbstoffe. Sie sind im lilafarbenen Knoblauch in besonderem Maße enthalten. Untersuchungen haben ergeben, daß diese lila Farbstoffe einen blutdruckregulierenden Effekt haben. Das bedeutet: Wer regelmäßig lila Knoblauch zu sich nimmt, bekommt einen idealen Blutdruck: Bluthochdruck wird gesenkt, Blutniederdruck angehoben. Es ist ein faszinierendes Wunder der Natur.

Phospholipide Bei den Phospholipiden des Knoblauchs handelt es sich um Zellbausteine, die neben Phosphor u. a. die lebenswichtige Linolsäure enthalten. Diese Substanzen machen den Knoblauch zu einem gezielten Bekämpfer der zu hohen Blutfettwerte. Man spricht daher auch von Anti-Cholesterin-Substanzen im Knoblauch.

Scordinine Die Scordinine im Knoblauch sind die Verantwortlichen für einen Bereich der antibiotischen Wirkung. Da der spanische lilafarbene Knoblauch besonders reichlich davon enthält, spricht man vom ›spanischen Penicillin‹. Und weil der spanische Knoblauch schon in früheren Zeiten an den Zarenhof geliefert und gegen Infektionen eingesetzt wurde, nennt man diese Inhaltsstoffe auch ›russisches Penicillin‹. Es handelt sich bei den Scordininen um Schwefelverbindungen.

Polysulfide Die Polysulfide im Knoblauch sind Schwefelverbindungen mit anderen chemischen Naturelementen. Wenn im Knoblauch das geruchlose Alliin über das Allicin weiter umgewandelt wird, dann entstehen diese Stoffe. Im menschlichen Organismus üben sie eine hervorragende Wirkung aus: Sie bekämpfen zu hohe Blutfettwerte.

Methylallyltrisulfid Das Methylallyltrisulfid ist eine Schwefelsubstanz, die ebenfalls das Zusammenkleben von

Blutplättchen verhindert und daher ein wertvolles Mittel gegen Thrombosen sowie Adernverkalkung und Herzinfarkt ist. Genau dieselbe Aufgabe im Knoblauch übernimmt eine weitere Substanz, nämlich das *Vinyl-Dithiin.*

Beta-Sitosterin Für den Menschen ist das Beta-Sitosterin im Knoblauch sehr wichtig. Es erfüllt zwei wesentliche Aufgaben: Es hemmt und reduziert das Cholesterin, das aus den cholesterinreichen Nahrungsmitteln in den Organismus aufgenommen wird, und es steuert auch jenes Cholesterin, das die Galle ausscheidet. Außerdem übt es einen positiven Einfluß auf die Prostata-Drüse aus und kann einer Vergrößerung entgegenwirken.

Vitamine Vor allem der lila Knoblauch aus spanischer Erde ist reich an aktiven Vitaminen: Er liefert dem Organismus das *Vitamin A*, das wichtig für die Schleimhäute, für die Haut, das Wachstum, die Sehorgane und die Fortpflanzung des Menschen ist; *Vitamin B 1* – auch Thiamin genannt – für das Nervensystem, für überforderte Muskeln und für den Kohlenhydratstoffwechsel; *Vitamin B 2* – auch Riboflavin genannt – für Wachstum, Zellatmung, für die Umwandlung von Fett in Körperenergie, für den Eiweiß- und Zuckerstoffwechsel, aber auch für Augen und Haut; *Vitamin C* – auch Ascorbinsäure genannt – für die Stärkung der körpereigenen Abwehrkräfte gegen Erkältungskrankheiten und andere Infektionserkrankungen sowie für den Schutz der Zellflüssigkeit; *Nikotinsäureamid* – auch Niacin genannt –, das den Auf- und Abbau von Fett regelt, den Atemvorgang stabilisiert und die Verwertung von Kohlenhydraten beeinflußt.

Magnesium Der lilafarbene spanische Knoblauch wächst und gedeiht in besonders mineralstoffhaltiger Erde. Er enthält relativ viel vom lebenswichtigen Mineralstoff Magnesium, das für die Funktion der Muskeln – speziell für den Herzmuskel –, aber auch für den Eiweiß- und Kohlenhydratstoffwechsel erforderlich ist. Magnesium aktiviert eine Reihe von Enzymen und gibt dem Körper Kraft gegen Streß und mildert die Folgen übermäßigen Alkoholkonsums. Die Naturheilkunde hat dabei einen Trick gefunden, um das Magnesium des Knoblauchs besonders zu aktivieren. Man nimmt eine Zeitlang täglich sechs Knoblauchkapseln und schafft dazu eine Biolectra-Ergänzung im Organismus, indem man pro Tag eine Magnesium-Brausetablette ohne Zucker in $^1/_8$ Liter Wasser auflöst und trinkt.

Eisen Knoblauch enthält das Spurenelement Eisen, das eine bedeutende Funktion für den roten Blutfarbstoff und den Muskelfarbstoff Myoglobin hat. Eisen reguliert die Sauerstoffverwertung im Organismus und bildet die Basis für eine Reihe von Enzymen. Gerade bei Frauen tritt ab dem 45. Lebensjahr sehr leicht Eisenmangel ein.

Zink Das Spurenelement Zink ist wichtig für die Insulinproduktion des Körpers. Es aktiviert verschiedene Enzyme, reguliert das Zellwachstum, schützt die Haut und ist nach jüngsten Forschungen ein entscheidender Faktor für das Funktionieren des Immunsystems. Wesentlich ist auch die Erkenntnis, daß das Vorhandensein einer bestimmten Zinkmenge im Organismus – 2 bis 4 Gramm – und die tägliche Aufnahme von 10 bis 15 Milligramm beim Mann die Liebesfähigkeit garantiert. Ich habe in zahllosen Fällen Männern mit Potenzstörungen, denen nichts geholfen hat, durch Zinkzufuhr helfen können. Dieser Zinkgehalt ist mit ein Grund, daß Knoblauch auch als Potenzmittel eingesetzt werden kann.

Mangan Das Spurenelement Mangan verhindert Epilepsie, reguliert den Eiweiß-Stoffwechsel, aktiviert die Drüsen und die Hirnfunktion. Auch die Leber braucht für ihre Arbeit Mangan.

Kupfer Das Spurenelement Kupfer ist mitverantwortlich für eine Sicherung der natürlichen Abwehrkräfte, der Gehirnarbeit und für eine problemlose Haut. Kupfer hilft Allergien verhindern und bindet Giftstoffe im Körper. Zweifelsohne hilft das Kupfer mit, daß Knoblauch gegen Umweltbelastungen des Organismus eingesetzt werden kann. Die Blutbildung und die Verarbeitung des aufgenommenen Vitamin C wird durch Kupfer positiv beeinflußt.

Selen Das Spurenelement Selen ist in jüngster Zeit in der Bekämpfung von Krebs, in der Krebsvorsorge, aber auch im Kampf gegen Allergien, Herzinfarkt, frühzeitiges Altern, Arthrosen, Rheuma, Arteriosklerose, Lebererkrankungen und Radioaktivität bedeutsam geworden. Man weiß heute, daß die Immunkraft durch Selen aktiviert wird. Da unsere Böden durch den sauren Regen sowie durch die jahrzehntelange Überdüngung mit Kunstdünger ausgelaugt sind, können wir aus der Erde kaum mehr Selen aufnehmen. Daher ist es für die Selenforschung besonders wichtig zu wissen, daß es selenreiche Naturprodukte gibt, wozu der Knoblauch zählt – allerdings nicht jeder Knoblauch. Prof. Dr. Günter N. Schrauzer von der San-Diego-Universität in Kalifornien bezeichnet Knoblauch nur dann als gute Selen-Quelle für den Menschen, wenn er auf selenreichem Boden angebaut wurde. Und damit ergibt sich wieder automatisch die ideale Lösung: Der lilafarbene Knoblauch, der auf mineralstoffreicher spanischer Erde wächst, bringt diese Voraussetzung mit sich.

Die Harmonie der Wirkstoffe ist wichtig

Wenn ich Ihnen jetzt im Detail die einzelnen Inhaltsstoffe des Knoblauchs im allgemeinen und des lilafarbenen Knoblauchs im speziellen vorgestellt habe, so müssen wir uns über eins im klaren sein: Das Wunder des Knoblauchs, seine faszinierende Wirkung für unsere Gesundheit, sein Verjüngungseffekt – das alles kann man nicht auf einzelne Bestandteile der Knolle zurückführen. Es ist das Ergebnis einer von der Natur gesetzten sinnvollen Kombination und Harmonie. All diese Komponenten zusammen ergeben die Wirkung des Knoblauchs, die heute von Naturheilexperten, Ernährungswissenschaftlern und vielen Schulmedizinern übereinstimmend anerkannt ist.

Darum kann der lila Knoblauch mehr

Vielleicht fragen Sie jetzt: Wie kommt es, daß der lilafarbene Knoblauch mehr kann, wertvoller für unsere Gesundheit ist? Ich möchte die wichtigsten Argumente, die für den lila Knoblauch und seine verstärkte Kraft sprechen, konkret zusammenfassen:

- Der lila Knoblauch, den ich kennen- und schätzengelernt habe, wird auf spanischer Erde inmitten der Mancha angebaut.
- Das bedeutet, daß die Umweltbedingungen für diese Knoblauchart optimal sind. Sie können das selbst testen. Sie fahren von Madrid aus stundenlang hinaus in die Natur, wo es keine Ansiedlungen mehr gibt, höchstens einsame alte Burgen oder einzelne Bauernhäuser. Kilometerweit sehen Sie nichts als Felder, Felder und wieder Felder, begrenzt von bewaldeten Hügeln. Hier braucht man keine Autoabgase zu messen. Hier müssen die Bauern weder Blei noch Cadmium fürchten.
- Spanien ist für Bio-Fans ein paradiesischer Begriff geworden, seit die Katastrophe im sowjetischen Atomkraftwerk Tschernobyl in so vielen Teilen der Welt bedrohlichen radioaktiven Abfall verteilt hat. An diesem fatalen 26. April 1986 und den folgenden Tagen wurde nahezu ganz Eu-

ropa zuerst mit Jod und dann mit Caesium verseucht. Die radioaktive Belastung wird uns noch Jahrzehnte zu schaffen machen. Und vieles, was wir anbauen und ernten, wird noch lange radioaktiv verseucht sein. Spanien blieb wie durch ein Wunder von der Atomwolke verschont. Spanische Erde ist seither für den landwirtschaftlichen Bereich sehr wertvoll geworden. Was aus Spanien kommt, ist sauber. Daher weiß man, daß der spanische lilafarbene Knoblauch frei von radioaktiver Belastung ist, was gerade im Bereich der Naturmedizin von beachtlicher Bedeutung sein muß.

- Der lilafarbene Knoblauch wächst aber nicht nur auf einer Erde, die frei von radioaktiver Belastung ist – er wächst auf einer ganz besonderen Erde. Das ist schon äußerlich zu erkennen. Diese Erde hat eine andere Farbe, mitunter regelrecht rot. Der Grund dafür: Diese spanische Erde, auf der der lilafarbene Knoblauch so besonders gut gedeiht, ist reich an Mineralstoffen und Spurenelementen. All die Inhaltsstoffe des Knoblauchs sind hier intensiver nachweisbar. Stärkere, vermehrte Substanzen aber sind der Garant für eine bessere Wirkung auf den menschlichen Organismus.
- Dazu kommen noch die ideale Sonneneinstrahlung und die idealen Wetterbedingungen in diesem Landstrich. Knoblauch benötigt in seinem ersten Wachstumsstadium Feuchtigkeit. Dann aber muß er es trocken haben. Gibt es kurz vor seiner Reifung Feuchtigkeit, dann kann Knoblauch auf den Feldern verfaulen. In Spanien ist im Frühjahr Regenzeit. Die liefert dem Knoblauch die richtige Sprießkraft. Dann folgt Trockenheit mit brennender Sonne über dem Land. Traumhafte Bedingungen für den Knoblauch, der im Juli geerntet wird, nachdem man ihn im Februar angebaut hat. Der lilafarbene Knoblauch aus dieser spanischen Erde trägt Sonnenenergie in sich und voll ausgereifte Inhaltsstoffe.

- In vielen anderen Ländern der Erde wird Knoblauch auf den Feldern zweimal im Jahr angebaut und geerntet, damit der Ertrag möglichst groß ist. Nicht so in Spanien. Die Bauern sind klug und wissen, was sie ihrer wertvollen Erde zumuten können. Sie bauen nur einmal im Jahr den Knoblauch an. Von Juli – der Ernte – bis zum nächsten Februar, dem neuen Anbaudatum, liegen die Felder brach. Sie werden auf diese Weise nicht ausgelaugt, können Kräfte sammeln für den nächsten lila Knoblauch. Das ist mit ein Geheimnis der reichen Inhaltsstoffe.
- Der Anbau erfolgt biologisch ohne Insektizide und Pestizide.
- Damit diese Qualität so bleibt, werden mehrmals im Jahr Bio-Proben vorgenommen. Vor dem Anbau wird die Erde kontrolliert. Während des Pflanzenwuchses werden Boden und einzelne Pflanzen begutachtet, untersucht und getestet. Vor der Ernte gibt es noch einmal eine strenge Bio-Prüfung. Und während der Ernte werden nur die besten Knollen für medizinische Zwecke zusammengetragen.

Das sind die überzeugenden Argumente für den besonderen Knoblauch, den lilafarbenen Knoblauch aus Spaniens Erde!

Machen Sie selbst den Lila-Knoblauch-Test

Wie schon gesagt: Im Verlaufe der Geschichte wurde immer wieder auf den besonders wertvollen lilafarbenen Knoblauch hingewiesen. Heute gibt es eine Reihe von Untersuchungen durch Naturheilfachleute, Biologen, Biochemiker und andere Wissenschaftler. Ich möchte Ihnen aber ganz persönlich ein weitaus überzeugenderes Argument für diese Knoblauchsorte und ihre medizinische Wirkung an die

Hand geben, das Sie vermutlich mehr überzeugen wird als zahllose Namen und Studien.

Es ist der Lila-Knoblauch-Test.

Ein Test, den jeder an sich selbst zu Hause durchführen kann. Und Sie werden sehen: Ein faszinierender Test.

Die Vorbereitungen dazu sind höchst einfach:

- Besorgen Sie sich auf einem nahen Gemüsemarkt oder in Ihrem Gemüseladen lilafarbenen spanischen Knoblauch. Lösen Sie ihn aus der äußeren Haut und nehmen Sie die einzelnen Knoblauchzehen auseinander. Für den Test brauchen Sie nur eine Zehe.
- Oder Sie holen sich aus der Apotheke Knoblauch-Kapseln und nehmen drei Kapseln aus der Packung.
- Dann rücken Sie sich in einer gemütlichen Ecke Ihrer Wohnung einen bequemen Stuhl zurecht und legen eine Zeitung oder ein Buch bereit.
- Jetzt sind alle notwendigen Vorbereitungen für den Lila-Knoblauch-Test getroffen.
- Setzen Sie sich in den Stuhl, ziehen Sie Schuhe und Strümpfe aus.
- Nehmen Sie eine Knoblauchzehe zur Hand, riechen Sie daran. Sie werden feststellen, daß der Geruch der von der lila Haut umgebenen Zehe nicht besonders stark ist. Greifen Sie zu einem Messer und schneiden Sie die Knoblauchzehe in zwei Hälften. Mit der Schnittfläche einer Hälfte reiben Sie sich nun beide Fußsohlen ein.
- Oder Sie schneiden vorsichtig die drei bereitgelegten Knoblauch-Kapseln auf und reiben sich das Knoblauchöl in die Fußsohlen ein.
- In beiden Fällen werden Sie den penetranten Geruch des Knoblauchs wahrnehmen.

- Jetzt lehnen Sie sich zurück und lesen.
- Lassen Sie ein bis zwei Stunden vergehen. Und dann konzentrieren Sie sich auf Ihren Mund. Sie werden erstaunt sein, denn Sie werden Knoblauchgeschmack in Ihrem Mund verspüren.
- Sie können nun das Ganze am nächsten Tag mit normalem weißen Knoblauch wiederholen. Entweder gelingt das Experiment überhaupt nicht oder es wird viel länger dauern, bis Sie den Knoblauchgeschmack im Mund gewahr werden.

Wissen Sie, was Ihnen dieser Test deutlich verrät? Die Super-Kraft, die im lilafarbenen Knoblauch steckt und so wirksam ist wie das hochkonzentrierte Knoblauchöl in den Kapseln aus der Apotheke!

Sie müssen sich das vorstellen: Sie reiben Ihre Fußsohlen mit den Hauptinhaltsstoffen dieses Knoblauchs ein – scheinbar eine oberflächliche Sache.

Die Substanzen der Knolle dringen durch die Poren der Haut, bahnen sich einen Weg durch das Gewebe bis ins Blut, eilen durch den Körper, erreichen jede entlegene Zelle und gelangen in relativ kurzer Zeit am anderen Ende des Körpers über den Gaumen auf die Zunge. Deutlicher und besser kann man nicht erleben, wie schnell die Substanzen des Knoblauchs im Organismus wirken.

Knoblauchzehen nicht in den Kühlschrank legen oder in Folie wickeln.

Die Knoblauch-Sensation von 1987

– Der Superzellschutz gegen Umweltgifte und Radioaktivität –

Ersetzt Knoblauch den Strahlenbunker?

Ein Frühlingstag des Jahres 1987 in Wien.

Ein Reporter des Österreichischen Fernsehens ORF hat zufällig auf einer Party mitbekommen: Im österreichischen Atomstrahlen-Forschungszentrum Seibersdorf läuft eine geheime Studie über Knoblauch in Zusammenhang mit Radioaktivität und über andere Umweltgifte. Die ersten Ergebnisse sollen sensationell sein.

Genau ein Jahr nach Tschernobyl ist diese Information ein ›absoluter Hammer‹. Noch immer haben Millionen Menschen Angst vor radioaktiver Belastung in den täglichen Nahrungsmitteln und überlegen, ob es nicht sinnvoll wäre, möglichst viele Strahlenbunker für ein künftiges mögliches neues Atomunglück zu bauen.

Dem Reporter schwebt bereits die Schlagzeile vor:

»Knoblauch ersetzt den Strahlenbunker.«

Er telefoniert noch spät nachts mit einem Kollegen aus der Zeitungsbranche. Sie beschließen, der Sache offiziell auf den Grund zu gehen.

Am nächsten Morgen ruft einer der beiden im Forschungszentrum an und fragt: »Bei Ihnen gibt es doch eine sehr interessante neue Untersuchung. Sie soll beweisen, daß Knoblauch die Auswirkungen von radioaktiver Strahlung verringert und die Zellen davor schützt? Ich würde gerne darüber berichten und Näheres erfahren.«

Zuerst bekommt der Reporter keine Auskunft. Man erklärt ihm, daß man sich in Seibersdorf nicht mit Knoblauch beschäftige. Da gebe es nur hochwissenschaftliche Untersuchungen. Der Journalist hinterläßt Namen und Adresse.

Wenige Stunden später wird bei ihm angerufen, und er nimmt voll Staunen zur Kenntnis, daß seine Information richtig war: Ja, es gibt in Seibersdorf eine streng wissenschaftlich geführte Arbeitsgemeinschaft ›Knoblauch‹.

Und dann bekommt der Reporter alle Unterlagen, die er haben möchte. Er ist fassungslos. Er hat eine Sensation in Händen. Mit einem Mal ist der gute alte Knoblauch eine Medizin der Zukunft.

Der ORF produziert unverzüglich einen Beitrag für die Sendung ›Wissen aktuell‹. Nachdem sie ausgestrahlt ist, tickert die Meldung von der Studie über die Fernschreiber der Zeitungsredaktionen.

Für den Knoblauch hat ein neues Jahrhundert begonnen. Er ist nicht mehr die stinkende Knolle gegen Vampire, das geduldete Hausmittel. Der Knoblauch ist plötzlich ein Lieblingskind der Wissenschaft geworden.

Und das ist der Stand der Dinge in Seibersdorf:

- Die Untersuchung in Seibersdorf ist in mehreren Stufen geplant. Die erste Stufe ist abgeschlossen. Der Knoblauch hat gehalten, was er versprochen hat.
- Die Wirkung von Knoblauchextrakt – mit der Hauptkonzentration auf das Allicin – wurde auf Zellmutationen untersucht. Dabei wurde das gesamte Spektrum von Krebserkrankungen durch radioaktive Strahlenschäden abgetestet.
- Die Quintessenz der Seibersdorfer Forschungen: Knoblauchextrakt im menschlichen Organismus stärkt unsere Zellen. Mutationen, die zu Krebs und anderen Zellzerstörungen führen könnten, haben keine Chance.

Und das ist die Ausgangsbasis für diese großangelegte, vorerst sehr geheime Untersuchung führender österreichischer Wissenschaftler: Derzeit erkranken laut Schätzungen der Weltgesundheits-Organisation (WHO) weltweit jährlich rund sechs Millionen Menschen an Krebs. Fünf Millionen davon werden in absehbarer Zeit daran sterben. Inwieweit an dieser erschreckenden Hochrechnung bereits die Atomkatastrophe von Tschernobyl mitwirkt, getraut sich niemand zu sagen.

Bislang gibt es keine nachweisbare Theorie, wie Krebsgeschwülste entstehen können. Man weiß nur, daß es viele auslösende Faktoren gibt.

- Industriegifte in der Nahrung.
- Abgase von Industrie, Hausbrand und Straßenverkehr.
- Stoffe, die sich beim Erhitzen von Speisefetten über 220 Grad Celsius bilden.
- Destillationsprodukte von Teer.
- Nitrosamine, die sich durch die Vereinigung von Aminen und Nitriten – die beim Räuchern entstehen – in Nahrungsmitteln bilden.
- Überhöhter Alkoholkonsum.
- Rauchen.
- Produkte der chemischen Industrie.
- Eine Reihe von Kohlenwasserstoffen.
- Verschiedene Strahlenarten wie etwa UV-Licht, Röntgenstrahlen, Radiumstrahlen.
- Radioaktive Strahlung.

Diese Substanzen produzieren aggressive Stoffe – in der Wissenschaft ›freie Radikale‹ genannt –, welche unsere Zellen ununterbrochen bombardieren, schwächen, verändern oder zerstören. Diese Stoffe schädigen auch die Träger unserer Erbinformationen. Trifft nun ein aggressives Molekül oder Atom eine Keimzelle, kann es zu einer Mutation, einer

Veränderung der Erbinformation, kommen. Trifft sie eine Körperzelle, dann ist die Gefahr für Krebsentstehung sehr groß. Das muß nicht immer zu einer unabwendbaren Katastrophe führen. Der Organismus ist, wenn sein Immunsystem intakt ist, durchaus in der Lage, mit solchen Feinden fertigzuwerden. Er kann sogar Schäden an der Erbsubstanz wieder in Ordnung bringen. Das war die Ausgangsbasis für die Knoblauch-Forschung in Seibersdorf.

Im Institut für Biologie wurden in einem Experiment Zellen höherer Säugetiere in zwei Kulturen am Leben erhalten. Die Zellen der einen Kultur wurden so belassen, wie sie waren. Die Zellen der anderen Kultur wurden mit Knoblauchextrakt gefüttert.

Dann spielte man Schicksal: Man behandelte beide Zell-Kulturen mit Gamma-Strahlen, mit Caesium, mit Cadmium und Blei.

Das Ergebnis war überwältigend! Und ein deutliches wissenschaftliches Ja zum Knoblauch. Der Zusatz von Knoblauchextrakt zu den Zellen der einen Kultur verhinderte bis zu 80 Prozent die Bildung von Zell-Mutationen und die Krebszell-Entartung.

Die erklärende Aussage der Wissenschaftler lautet:

- Die mit Knoblauch gefütterten Zellen hatten ein um 80 Prozent verringertes Krebsrisiko.
- Die Zellen der anderen Kultur gingen zu 100 Prozent zugrunde.
- Damit ist bewiesen: Knoblauch kann Zellen vor schädlichen Umweltgiften schützen und vor allem das Krebsrisiko besiegen helfen.
- Die Inhaltsstoffe des Knoblauchs agieren als Radikalen-Fänger. Sie binden die durch die Strahlung freiwerdenden hochaggressiven Substanzen und verhindern so, daß die Erbinformation Schaden nimmt.

- Diese hervorragende Wirkung dürfte allerdings nicht einem einzigen Stoff im Knoblauch, sondern dem Zusammenwirken vieler Substanzen zu verdanken sein. Hauptakteure dürften die schwefelhaltigen Verbindungen sein, aber auch das Selen und das Zink.

In Seibersdorf spricht man noch nicht gerne über diese ungemein interessante Studie. Man will keine Sensationseffekte und betont: »Die Forschung in bezug auf natürliche Krebs-Schutzsubstanzen steht erst am Anfang. Man wird nun die Wirkung des Knoblauchs in weiteren Versuchen an Menschen selbst testen. Es wird wesentlich sein herauszufinden, wieviel Knoblauch der Mensch zu sich nehmen muß, um gegen radioaktive Strahlung geschützt zu sein.«

Ich habe mit einer Reihe von Wissenschaftlern über dieses Thema diskutiert. Falls auch die folgenden Knoblauch-Untersuchungen so erfolgreich verlaufen, dann kann man durchaus sagen: Wenn in Mitteleuropa jemand zur Zeit des radioaktiven Regens von Tschernobyl täglich die Inhaltsstoffe von fünf bis sechs Knoblauchzehen in sich gehabt hätte, wäre er besser geschützt gewesen.

Wenn man das nachweisen könnte, dann werden Knoblauch-Kapseln als Schutz vor Radioaktivität und anderen Umweltgiften in Zukunft enorme Bedeutung gewinnen. Die Wahrscheinlichkeit, daß die regelmäßige Aufnahme von Knoblauchextrakt aus der Kapsel eine krebsschützende Eigenschaft entfaltet, scheint nun groß zu sein.

Details sind über die Untersuchung in Seibersdorf nicht bekanntgeworden. Die Tests wurden jedenfalls nicht mit frischem Knoblauch, sondern mit dem konzentrierten Inhalt von Knoblauchextrakt durchgeführt. Und man spricht in Wiener Medizinerkreisen davon, daß die Basis dafür der besonders starke, lilafarbene Knoblauch gewesen sein soll. Das erscheint mir logisch.

Allein durch diese wissenschaftliche Meldung aus dem Jahr 1987 wird der Knoblauch in unserer Zeit noch viel mehr aufgewertet. Das ist ein für uns alle notwendiger Startschuß für eine neue Knoblauch-Ära. Und viele, die sich bisher von der penetrant riechenden Knolle und ihrem Saft abgewandt haben, werden jetzt anders darüber denken. Und viele werden verstehen, warum ich es so wichtig finde, daß Sie sich ein Knoblauch-Programm für Ihre Gesundheit leisten, und warum Sie sich mit dem lilafarbenen Knoblauch, dem kräftigsten und wirkungsvollsten aller Knoblaucharten, vertraut machen sollten ...

Die Superkraft aus dem lila Knoblauch

– Das Lebenselixier aus dem Herzen Spaniens –

Die Grundregeln für die Heilkraft des Knoblauchs

Wer sich Zeit nimmt und mit spanischen Knoblauch-Bauern ins Gespräch kommt, vielleicht sogar ein paar Tage mit ihnen verbringt, erfährt viele wertvolle Einzelheiten über die Anwendung des lilafarbenen Knoblauchs. Man muß ganz bestimmte Grundregeln beachten, wenn man die Heilkraft des Knoblauchs optimal nützen möchte.

- Der Knoblauch muß geschält werden.
- Danach kann man ihn als Ganzes in den Mund nehmen. Allerdings wirken die Knoblauch-Substanzen rascher und intensiver, wenn man die einzelnen Zehen quer oder senkrecht in hauchdünne Scheiben schneidet. Man verwendet dazu ein besonders scharfes Messer.
- Man kann den Knoblauch auch mit einem Wiegemesser ganz klein hacken. In diesem Fall aber muß man ihn unverzüglich verzehren, weil sonst die ätherischen Öle sich besonders schnell verflüchtigen und verlorengehen.
- Viele beschaffen sich eine Knoblauchpresse, um Knoblauchbrei oder Knoblauchsaft zu konsumieren. Es ist nachgewiesen, daß im reinen Knoblauchsaft sämtliche Inhaltsstoffe des Knoblauchs enthalten sind. Auch hier ist es anzuraten, den Knoblauch unmittelbar beim oder nach dem Auspressen einzunehmen. Besorgen Sie sich eine stabile Knoblauchpresse aus Metall, die mit Kunststoff über-

zogen sein soll. Der Kontakt des Knoblauchsaftes mit Metall kann verschiedene Wirkstoffe der Knolle verändern.

- Wer mit Knoblauch Heileffekte erzielen möchte, der ist am besten beraten, wenn er unmittelbar nach der Ernte zum frischen Knoblauch greift. Wenn man Knoblauch auch relativ lange aufbewahren kann, verliert er selbstverständlich gewisse Mengen an Inhaltsstoffen. Aus diesem Grund ist die Naturmedizin dazu übergegangen, unmittelbar nach der Ernte aus dem Knoblauch einen Extrakt herzustellen, der beste Qualität hat, stabil ist und der dann in Kapseln abgefüllt wird. Wer also nicht die Chance hat, für Heilzwecke, für seine Gesundheit und Vitalität frisch geernteten Knoblauch zu verwenden, ist gut beraten, wenn er sich das ganze Jahr über den Knoblauch für eine Natur-Therapie in Kapseln besorgt. Ganz besonders trifft das beim lilafarbenen Knoblauch aus Spanien zu. Wer von uns hat schon Zeit und Geld, zur spanischen Knoblauchernte zu reisen, um dort eine Knoblauch-Kur zu machen? Hier stellen die Kapseln mit dem Knoblauch-Extrakt eine ideale Lösung dar.

Hier ein paar Rezepte, wie spanische Bauern den frischen lilafarbenen Knoblauch für die Gesundheit einsetzen:

- Wenn sie Knoblauch-Kompressen etwa auf schmerzende Stellen geben möchten, dann stellen die Bauern einen Knoblauchbrei her. Sie schälen die Knoblauchzehen, die ganz saftig, frisch und fest sein müssen, und zerdrücken sie dann mit einer Gabel. Der Brei wird mit einem Leinentuch aufgetragen. In einem modernen Haushalt könnte man den Knoblauch in einem Mixer zerkleinern, muß allerdings nachher den Mixer sehr gut reinigen. Wenn man sich Knoblauch-Kapseln aus der Apotheke besorgt, kann man einige öffnen, ein Papiertaschentuch oder einen Leinenfleck damit tränken und diesen auf die betreffende Hautstelle auftragen. Die spanischen Bauern machen solche Auflagen auf die Brust gegen Husten, gegen Hautprobleme, Gelenkentzündungen, Rheumabeschwerden und Gicht.

- In Spanien legt man die frisch geernteten, zerkleinerten Knoblauchzehen acht Stunden lang für einen sogenannten Kaltauszug in kaltes Wasser und seiht das Ganze durch. Die Flüssigkeit wird getrunken, eingerieben oder für Auflagen verwendet.
- Spanische Bauern kochen in Scheiben geschnittene Knoblauchzehen zehn Minuten lang in Wasser oder Milch. Nach dem Durchseihen wird die Flüssigkeit gegen Magenkrämpfe, Wurmkrankheiten und zur allgemeinen Vitalität getrunken. Man spricht in diesem Fall von einer Knoblauch-Abkochung.
- Gegen Nierenerkrankungen und Nierensteine schneiden die Bauern die Knoblauchzehen ganz klein und kochen diese in Weißwein weich. Die Stücke werden jeden Morgen auf nüchternen Magen mit etwas Wein eingenommen.
- Wenn man gleich nach der Ernte geschälte Knoblauchzehen in Essig, Wein, Sojasoße oder Honig einlegt, geht ein Großteil der Wirkstoffe in die Flüssigkeit über. Man nimmt als Hausmittel sowohl den eingelegten Knoblauch als auch die Flüssigkeit zu sich. Zum Beispiel: eine eingelegte Knoblauchzehe und ein Eßlöffel Honig, Wein oder Essig. Die Knoblauchzehen müssen in ein Glas mit Schraubverschlußdeckel eingelegt werden. Denn die Gläser müssen gut verschlossen an einem kühlen dunklen Ort aufbewahrt werden. Gegen Magenbeschwerden und Verdauungsstörungen werden die Knoblauchzehen in hochprozentigen Alkohol eingelegt, zumeist in Wacholderschnaps oder Wodka. Auf ein Drittel Knoblauchzehen

kommen zwei Drittel Alkohol. Das Ganze muß dann zwei Wochen an einem warmen Ort stehen, wobei man immer wieder schütteln muß.

- Gegen Übergewicht und Blutunterdruck, aber auch grundsätzlich als Verjüngungsmittel bereiten die Spanier einen Knoblauch-Zitronensaftauszug. Die zerkleinerten Knoblauchzehen werden in unverdünnten Zitronensaft eingelegt und müssen unter wiederholtem Rühren und Schütteln einen Tag lang zugedeckt ziehen. Man nimmt dann jeweils nur einen Teelöffel vom Saft, den man in etwas warmem Wasser auflöst.
- Als Mittel zum Jungbleiben gilt in Spanien auch das regelmäßige Essen von zerdrückten Knoblauchzehen, die auf einer Scheibe Brot verstrichen werden.

Das Spezial-Elixier aus der Mancha

Am populärsten allerdings ist es seit uralten Zeiten in Spanien, Knoblauch als Heilmittel und Jungbrunnen auf eine ganz bestimmte und höchst einfache Weise zuzubereiten: Die Frauen und Männer schneiden den frisch geernteten, lilafarbenen Knoblauch in kleine Scheiben, geben sie nach und nach in einen Mörser, gießen Sonnenblumenöl dazu und zerstoßen den Knoblauch mit dem Öl zu einer Masse. Entweder wird diese nun direkt löffelweise gegessen, oder man preßt das Ganze durch ein Tuch und erhält auf diese Weise einen dicklichen Knoblauch-Öl-Saft.

Knoblauch galt in früheren Jahrhunderten als antiseptisches Mittel:
Neugeborenen wurden die Lippen mit Knoblauch eingerieben.

Diese uralte Methode hat Mediziner und Ernährungswissenschaftler interessiert, und man ist in langen Untersuchungen dahintergekommen, daß diese Mischung von Knoblauch-Wirkstoffen mit den Wirkstoffen des kaltgepreßten Sonnenblumenöls eine geniale Naturheil-Kombination ergibt:

- Da ist zuerst einmal der Haupt-Faktor, der hochwertige, inhaltsstoffintensive lilafarbene Knoblauch aus spanischer Erde.
- Und dann kommt das hochwertige Öl von Sonnenblumenkernen dazu, die schonend verarbeitet werden. Dieses Sonnenblumenöl ist reich an Vitamin E und Beta-Karotin, einer Vorstufe des Vitamins A, das vom Körper in Vitamin A umgewandelt wird. Beide schützen die Zellen des menschlichen Organismus gegen Angriffe und Veränderungen und schützen den Körper vor frühzeitiger Alterung. 100 Gramm Sonnenblumenöl hat ca. 60 Milligramm Vitamin E und ungefähr 43 Internationale Einheiten ß-Karotin, das sind umgerechnet rund 14 Internationale Einheiten Vitamin A.
- Damit wird das Zusammenwirken von lila Knoblauch mit Sonnenblumenöl zu einer Superkraft fürs Jungbleiben.

Die Methode der spanischen Bauern hat sich die Wissenschaft zunutze gemacht. Intensive biochemische Untersuchungen haben ergeben, daß Knoblauch und Sonnenblumenöl wunderbar zusammenspielen. Denn das reiche Vitamin E im Sonnenblumenöl schützt die empfindlichen Knoblauch-Substanzen und macht sie somit für lange Zeit wirksam und haltbar.

- Daher ist in so manchen Knoblauch-Kapseln zusätzlich Vitamin E enthalten.

Um also in den Genuß dieser zweifachen Wirkung zu kommen, folgen Sie einfach dem Rezept der spanischen Bauern aus der Mancha oder besorgen Sie sich Knoblauch-Kapseln mit Vitamin E aus der Apotheke.

Flüssiger Knoblauch als Naturmedizin

Wenn man die enorme Kraft des frischen Knoblauchs unmittelbar erhalten will, ist der optimale Weg die Knoblauch-Kapsel. Das heißt: Knoblauch-Mazerat wird in magenverträgliche Gelatinekapseln luftdicht eingeschweißt. Auf diese Weise erreicht man viele Vorteile:

- Die Qualität des Knoblauchöls bleibt immer gleich.
- Es hält lang.
- Es ist einfach einzunehmen.
- Es ermöglicht auch jenen Menschen Knoblauch-Kuren zu machen, die eine Abneigung gegen den Geruch des Knoblauchs haben oder die mit unangenehmen Reaktionen im Magen reagieren, sobald sie frischen Knoblauch essen.

Wenn Sie ausprobieren wollen, wie intensiv der Knoblauch in Kapseln aus der Apotheke angereichert ist, öffnen Sie einmal eine Kapsel. Sie werden sofort den starken, typischen Geruch in der Nase verspüren. Und das ist der Beweis, daß dieser Knoblauch in der Kapsel seine uneingeschränkte Naturkraft besitzt und an den Organismus weitergibt.

Bei den Kapseln gibt es eine Besonderheit, die es auch all den Menschen ermöglicht, lila Knoblauch zu konsumieren, die den Geruch nicht mögen oder ihn nicht vertragen.

Der Knoblauchauszug wird nämlich in spezielle Gelatinekapseln gegossen. Diese spezielle Gelatine ist von den Magensäften unangreifbar und löst sich erst im Dünndarm. Auf diese Weise kann man verhindern, daß der Betreffende, der die Kapseln zu sich genommen hat, nach Knoblauch riecht.

Es gibt dazu auch eine wissenschaftliche Untersuchung von Prof. Hagen Tronnier von der Hautklinik in Dortmund. Er wies im Jahr 1984 nach, daß durch die Aufnahme von Knoblauch in Kapseln kein veränderter Körpergeruch feststellbar ist. Und daß man auf diese Weise hochwirksamen, riechenden Knoblauch zu sich nehmen kann, ohne selbst die Ausdünstung zu verbreiten.

Prof. Dr. Günther Willuhn, Leiter des Instituts für Pharmazeutische Biologie der Universität Düsseldorf, erklärt zu diesem Thema: »Das Knoblauchöl ist ein ätherisches Öl, das sich leicht verflüchtigt und unter dem Einfluß von Wasser und Sauerstoff chemischen Veränderungen unterworfen ist. Es ist daher in der Lösung eines fetten Öles am stabilsten und am wirkungsvollsten in der Arzneiform einer Kapsel!«

Allerdings stehe ich nicht auf dem Standpunkt, daß man Knoblauch ausschließlich aus der Kapsel zu sich nehmen sollte. Ideal wäre ein sinnvolles Programm mit einem Knoblauch-Speiseplan. Daher mein Hinweis: Schauen Sie sich auf den Märkten um und suchen Sie den lilafarbenen Knoblauch. Sie bekommen ihn ganz sicher, zumindest zu bestimmten Zeiten, etwa von Juli bis November. Und bauen Sie diesen lila Knoblauch, der intensiver in den Wirkstoffen, aber milder im Geschmack ist, in Ihre tägliche Nahrung ein. Sie finden in diesem Buch eine Reihe von Rezeptvorschlägen, denn auch ich liebe den lila Knoblauch. Und mit jedem Knoblauch-Gericht haben Sie das angenehme Gefühl, etwas für Ihre Jugend und Gesundheit getan zu haben.

Was läßt sich gegen den Knoblauchgeruch tun?

Prominente meinen dazu:

Gustl Bayrhammer
hat sich von reinem Knoblauch auf Knoblauchkapseln umgestellt.

Inge Meysel
nimmt entweder Petersilie oder Kaffeebohnen.

Petra Schürmann
nimmt ganz einfach Zahnbürste und Mundwasser.

Dieter Thomas Heck
empfiehlt: Wenn beide Knoblauch essen, riecht man's beim andern nicht.

Klausjürgen Wussow
empfiehlt Apfelschnitze mit Joghurt oder Quark.

Die *Franzosen* verraten die für manche angenehmste Art und Weise – viel, viel Rotwein zu einem Knoblauchgericht trinken.

Die *Spanier* kauen Gewürznelken oder Kaffeebohnen.

Da ich weiß, daß viele diesem Ruf folgen und den lila Knoblauch auch so essen werden und mitunter Kummer mit dem Geruch haben, möchte ich Ihnen einige wirkungsvolle Tricks verraten, wie man den Knoblauchgeruch besiegen kann.

Eines allerdings möchte ich eindringlich dazu sagen: Jeder muß alle Methoden einmal durchprobieren und jene herausfinden, die bei ihm optimal wirkt. Was sich bei dem einen im Kampf gegen den Knoblauchgeruch bestens bewährt, hilft mitunter beim anderen gar nichts. Das ist oft so in der Naturheilkunde.

Suchen Sie sich daher selbst Ihren Weg, um den Knoblauchgeruch möglichst rasch in den Griff zu bekommen. Denn wer Knoblauch gegessen hat, beginnt nach kurzer Zeit mit der typischen Ausdünstung. Und von da an bleibt der verzehrte Knoblauch im Organismus 24 Stunden lang hochaktiv. Die Aroma- und Heilstoffe des Knoblauchs kommen vom Darm ins Blut und werden von hier über den ganzen Körper verteilt. Ein Teil wird dann über die Nieren im Harn ausgeschieden, der andere Teil tritt mit dem Schweiß aus den Hautporen aus. Daher lohnt es sich, eine Methode zu finden, um den unangenehmen Geruch zu unterbinden:

- Trinken Sie nach der Knoblauch-Mahlzeit eine Tasse starken Bohnenkaffee, wenn Sie ihn vertragen.
- Trinken Sie $^1/_4$ Liter Milch. Bei manchen wirkt kalte Milch, bei manchen warme Milch besser.
- Kauen Sie zwei Eßlöffel frische Petersilie.
- Kauen Sie getrocknete oder frische Blätter von Majoran, Thymian oder Pfefferminze.
- Kauen Sie einige Kaffeebohnen.
- Lassen Sie einen Eßlöffel Honig langsam im Mund zergehen.
- Trinken Sie ein Glas herben Rotwein. Das ist das Geheim-

nis vieler Franzosen und Spanier im Kampf gegen den Knoblauchgeruch.

- Kauen Sie Chlorophylltabletten aus der Apotheke. Oder nehmen Sie Chlorophyll-Spray. Vorher aber müssen die Zähne gründlich geputzt werden.
- Nehmen Sie ein heißes Kräuterbad. Das hilft für zwei Stunden, den Geruch aus der Haut zu bannen. Ideal, wenn Sie $^1/_4$ Liter Obstessig oder den Saft einer Zitrone in die Badewanne dazugießen.

Wenn all diese Tricks bei manchen von Ihnen nicht helfen, dann sollten Sie sich immer überlegen, ob der Genuß einer köstlichen Knoblauchspeise und sein nachweisbar jungerhaltender Effekt diesen Geruch nicht wert ist.

Meines Erachtens gehört es zum Lernprozeß, wie man jung bleibt, dazu, daß man mindestens zeitweise den Knoblauchgeruch in Kauf nimmt.

II

Knoblauch als gezielte Natur-Therapie

Für 55 Prozent ist Knoblauch ein Heilmittel

– Die Schulmedizin bestätigt traditionelle Überlieferungen –

Es ist jetzt schon allerorten zu spüren: Der Knoblauch wird in der gezielten Natur-Therapie gegen eine Reihe von Beschwerden und Erkrankungen, aber auch in der Vorbeugung vieler Leiden, vor allem aber im Hinblick auf einen gesunden, langen Lebensabend mit geistiger und körperlicher Aktivität und Attraktivität in Zukunft in unseren Breiten eine noch viel größere Rolle spielen. Und es wird der lila Knoblauch aus Spanien sein, der besonderes Aufsehen erregen wird, und das zu Recht.

Der Knoblauch an sich und die vielen Veröffentlichungen über seine Bedeutung für den menschlichen Organismus haben bereits einen merkbaren Trend eingeleitet. Das geht auch deutlich aus einer Umfrage des Wickert-Instituts hervor.

Über 68% der Deutschen essen gern Knoblauch, und 55% glauben auch, daß Knoblauch als Heilmittel wirkt.

Hier die beeindruckenden Zahlen:

- Auf die Frage, ob sie Knoblauch gerne essen, antworteten 68% Deutsche – und zwar ebenso viele Frauen wie Männer – spontan: Ja, sehr gerne, und zwar regelmäßig oder gelegentlich.

- Unter den 30- bis 40jährigen waren es sogar 81%, die sich spontan für den Knoblauch aussprachen.
- Unter den Frauen und Männern mit höherer Schulbildung waren es 71%, die sich als Knoblauch-Fans bekannten. Das ist ein deutlicher Beweis für die Aufgeschlossenheit in Richtung Gesundheit.
- Auf die Frage: »Halten Sie den Knoblauch für ein Heilmittel?« antworteten 55% der Befragten mit einem uneingeschränkten Ja. Davon erklärten 53%, daß sie Knoblauch schon seit langem für ein Naturheilmittel halten.

Dieser Trend zeichnet sich aber nicht nur in der Bevölkerung ab. Auch die Schulmedizin nimmt den Knoblauch längst sehr ernst:

- Prof. Dr. Günther Willuhn von der Universität Düsseldorf ordnet den Knoblauch eindeutig als Arznei ein, die bei längerer therapeutischer Anwendung ihre Wirkung zeigt. Er nennt ihn ideal für die Behandlung von Befindlichkeitsstörungen sowie als Vorbeugung zum Gesundbleiben. Vor allem aber schätzt er den Knoblauch als Naturmittel, welches den Alterungsprozeß bremst und frühzeitige Alterserscheinungen unterbindet.
- Der indische Herzspezialist Prof. Dr. Arun Bordia wies in einer Studie nach: Knoblauch kann sogar krankhafte Fettablagerungen an den Gefäßwänden rückgängig machen. Bereits verengte Arterien können wieder gesäubert werden. An 62 Herzpatienten zeigte der Wissenschaftler, daß eine zehn Monate dauernde Kur mit Knoblauchöl den zu hohen Cholesterinspiegel um 23% senkt und die gespeicherten Fettsäuren – die gefürchteten Triglyzeride – sogar um 29% verringert.
- Dr. Eduard Ernst von der Klinik für physikalische Medizin der Universität München kam zu dem Ergebnis: Knob-

lauch wirkt gegen Bluthochdruck und Infarktgefahr. Aber nur, wenn man drei bis vier Knoblauchzehen pro Tag oder sechs wirkstoffreiche Knoblauchkapseln zu sich nimmt.

- Der österreichische Kurarzt Dr. Rainer Schroth, Leiter des Original-Schroth-Kurhauses in Kärnten, Obervellach, gilt als eifriger Verfechter des Knoblauchs und als international anerkannter Wissenschaftler in dieser Richtung. Er fand heraus, daß Knoblauch Infektionen und Entzündungen hemmt, die Durchblutung fördert, die Nerven stärkt, die Darmflora schützt, Verkrampfungen im Magen- und Darmbereich heilt und den Blutdruck reguliert.

Ganz spezielle Heilwirkungen des lila Knoblauchs

Spanische Ärzte, welche sowohl mit frischem lilafarbenen Knoblauch, aber auch mit dem Extrakt aus dem lila Knoblauch arbeiten, konnten in den letzten Jahren nachweisen, daß alles, was man ganz allgemein vom Knoblauch an sich sagt, beim lila Knoblauch noch deutlicher zum Tragen kommt. Das ist der klare Vorteil der intensiveren Wirkstoffe, der besseren Qualität. Ich möchte Ihnen daher eine Reihe von Möglichkeiten präsentieren, wie man den lila Knoblauch durch regelmäßigen Konsum gegen ganz gezielte Beschwerden einsetzen kann und wie man verhindern kann, daß diese Leiden sich im Organismus verstärken.

Ein Patient erzählte mir einmal folgende Geschichte: »Eine Warze begann aus meinem linken Nasenloch herauszuwachsen. Man riet zur Operation. Doch ich erinnerte mich der Erfahrungen meiner Großmutter, die auf den Knoblauch schwor: Ich schnitt die Knoblauchzehe durch und rieb damit die Warze dreimal ein. Sie ist spurlos verschwunden und bis heute nicht wieder aufgetreten.«

Dazu ist zu sagen, daß der lila Knoblauch mit seinen wertvollen Wirkstoffen nicht an einer ganz bestimmten Körperstelle ansetzt und nur dort einen Heileffekt hervorruft. Knoblauch heilt nach dem Ganzheitsprinzip.

Man nimmt den Knoblauch und versorgt damit mit den Wirkstoffen den gesamten Organismus. Die körpereigenen Abwehrkräfte werden dadurch stimuliert. Die Organe bekommen neue Aktivität. Und damit konzentriert sich der Organismus, eine Selbstheilphase oder eine Stärkungsphase an seiner Schwachstelle einzuleiten. Die Folge ist dann, daß sich der Knoblauch-Patient ganz allgemein wohler und vitaler fühlt, ein neues Gefühl des Jungseins empfindet und parallel bemerkt, daß sein Leiden, sein Problem Schritt um Schritt besser wird und verschwindet.

Eines darf man vom Knoblauch – und auch vom lila Knoblauch – nicht erwarten: eine blitzartige Heilung von Schmerzen und Beschwerden. Die Knoblauch-Therapie ist eine langfristige, aber sichere Therapie ohne die geringste Nebenwirkung, wenn man vom Geruch absieht. Wer Knoblauch aus medizinischer Sicht nimmt, darf nicht ungeduldig werden. Er kommt langsam, aber sicher zum Ziel. Und das merkt man auch dann eines Tages ganz plötzlich. Das ist der Augenblick, wo man den Knoblauch als Jugend-Elixier und Medizin ins Herz schließt und zum permanenten Fan wird. Beim lila Knoblauch geht das meist etwas schneller.

Die erfolgreichsten Knoblauch-Therapien

– Wie man Knoblauch gegen bestimmte Erkrankungen einsetzt –

Knoblauch stoppt Adernverkalkung

Arteriosklerose – auch Adernverkalkung genannt – ist ein vielfach gefürchtetes Symptom für frühzeitiges Altern. Das Leiden hängt mit vielen anderen Krankheitsfaktoren im Organismus zusammen. Und es führt zu Herzinfarkt, Schlaganfall, Hirnschlag oder mindestens zu schweren Konzentrationsstörungen im Gehirn. Die Arteriosklerose entsteht durch Ablagerungen von Cholesterin, Fettsäuren, Calciumsalzen und zusammengeballten Blutplättchen an den Gefäßwänden. Mit der Zeit werden die Arterien eng und spröde. Das gesamte Gefäßsystem wird gestört und kann blitzartig verstopft werden.

Schon immer haben sich Mediziner mit dem Wunschtraum der Patienten befaßt: Kann man nicht, wie es der Installateur in verkalkten Wasserleitungen macht, die Ablagerungen wieder entfernen?

Es bedurfte keiner sensationellen neuen Medikamente, um diesen Wunschtraum zu realisieren:

- Die Wirkstoffe des Knoblauchs sind imstande, die Bildung von Arteriosklerose zu verhindern oder hinauszuzögern.
- Knoblauch kann tatsächlich arteriosklerotische Veränderungen zurückbilden. Kaninchen, die in ihren Blutgefäßen starke Adernverkalkung aufwiesen, wurden mit

Knoblauchöl behandelt: Die Gefäßveränderungen verschwanden wieder.

Doch auch bei Menschen konnte diese Beobachtung wissenschaftlich erhärtet werden. Patienten mit sehr hohen Blutfettwerten erhielten vier Wochen lang täglich drei Gramm frischen Knoblauchsaft. Durch den Einfluß des Knoblauchs sank der Blutfettspiegel um fast 29 Prozent. In ähnlichen anderen Patientenstudien wurde dies mehrfach bestätigt. Daher kann man heute mit Sicherheit sagen: Die Inhaltsstoffe des Knoblauchs wirken antiarteriosklerotisch.

Knoblauch verhindert Thrombosen

Wir besitzen in unserem Blut sogenannte Blutplättchen – auch Thrombozyten genannt. Sie haben bei einer Verletzung, bei der es zu einer Blutung kommt, die Aufgabe, den Blutfluß zu stillen. Die Blutplättchen sammeln sich an dieser Verletzungsstelle und bilden einen Blutpfropf. Dadurch kann kein weiteres Blut fließen. Allerdings können diese Blutplättchen durch eine Störung im gesamten Stoffwechselsystem auch in den Adern zusammenkleben. Dies wird beispielsweise durch zu hohe Blutfettwerte forciert. Dann beschleunigen diese Blutplättchen die Adernverstopfung. Es kommt zu einer Thrombose, die wiederum je nachdem, wo sie entsteht – zu Herzinfarkt, Schlaganfall oder einer anderen örtlichen Thrombose führt.

Prof. Dr. Stocksmeier:
Das im Knoblauch enthaltene Adenosin verhindert, daß sich in den Adern Blutplättchen verklumpen. Damit wirkt Knoblauch Thrombosen entgegen.

Eine Reihe von Patientenstudien und Laborversuchen haben in den letzten Jahren gezeigt, daß das Zusammenspiel einiger Inhaltsstoffe im Knoblauch das Zusammenballen der Blutplättchen verhindern kann. Diese positive Wirkung hält allerdings immer nur für wenige Stunden an. Wer also thrombosegefährdet ist, der sollte regelmäßig Knoblauch essen und nach Möglichkeit Knoblauch-Kapseln einnehmen, um die Blutplättchen unter Kontrolle zu halten. Viele Thrombosen konnten zweifellos schon verhindert werden, weil der Betreffende rechtzeitig reichlich Knoblauch konsumiert hat.

Knoblauch bekämpft Herzinfarkt

Arteriosklerose merkt man lange Zeit nicht. Auch die Thrombosengefahr ist vielen Menschen nicht bewußt. Aber viele von uns haben Angst vor Herzinfarkt. Die Angst ist nicht unberechtigt: Immerhin stirbt jeder dritte Bundesbürger frühzeitig an den Folgen einer Herz- und Kreislaufstörung. Und da steht der Herzinfarkt an vorderster Stelle. Der Herzinfarkt aber tritt immer dann ein, wenn zuvor die Arteriosklerose bereits begonnen hat und wenn Thrombosengefahr herrscht. Was auf den ersten Blick wie ein Blitz aus heiterem Himmel aussieht, hat sich von langer Hand angebahnt. Streß ist dann oft nur der auslösende Faktor. Zuvor waren da zu üppige, ungesunde Ernährung, mangelnde Bewegung und seelische Belastung.

Wer nun vorbeugend reichlich Knoblauch zu sich nimmt, senkt die Herzinfarktgefahr enorm, weil er Hauptrisikofaktoren vermindert: die Thrombosegefahr und die Arteriosklerose.

Sehr bewährt hat sich dabei gezielt im Kampf gegen Herzinfarkt eine Kombinations-Vorsorge mit täglich sechs Knoblauch-Kapseln und einer Magnesium-Brausetablette. Denn speziell das Herz braucht auch Magnesium und ist bei Magnesiummangel dem Infarkt besonders leicht ausgesetzt.

Auch bei vorhandenem und durchgestandenem Herzinfarkt sprechen sich viele Ärzte für eine Dauer-Therapie mit Knoblauch aus, weil sich dadurch die Verfassung des Patienten merklich verbessert.

Uni München:
Die im Knoblauch enthaltenen Wirkstoffe senken hohen Blutdruck und überhöhte Blutfettwerte (Cholesterine).

Knoblauch senkt zu hohen Cholesterinspiegel

Die zu hohen Blutfettwerte – der zu hohe Cholesterinspiegel – sind ebenfalls die Wegbereiter für gefährliche Herz- und Kreislauferkrankungen, die bis zum Herzinfarkt und Schlaganfall führen können. Und da gibt es ebenfalls eindeutige Untersuchungsergebnisse aus jüngster Zeit: Knoblauch ist imstande, zu hohe Blutfettwerte in relativ kurzer Zeit zu senken und eine Normalisierung des Cholesterinhaushaltes herbeizuführen.

Grundsätzlich muß man allerdings klarlegen, daß Cholesterin prinzipiell nichts Böses ist, sondern im Gegenteil ein wertvoller Baustein unseres Lebens. Das beweist schon die Tatsache, daß es reichlich in der Muttermilch vorhanden ist. Nach Untersuchungen des deutschen Arztes Dr. Hans Bräuer könnte der Mensch ohne Cholesterin nicht einen einzigen Tag leben. Cholesterin steuert die Sexualhormonbildung, baut mit das Zellsystem auf, stärkt die Nerven und spielt im

Knochenaufbau und in der Verdauung eine wichtige Rolle. Wenn allerdings im fortgeschrittenen Alter bei einem Menschen die Bildung der Sexualhormone verringert wird, dann wird unverwertetes Cholesterin frei. Und wenn dann noch die Nahrungsaufnahme zu viele Fette beinhaltet, dann kann ein Teufelskreis beginnen.

Seit es durch die Konstruktion des Reflotrongerätes jedem Hausarzt möglich ist, mit Hilfe eines einzigen Blutstropfens vom Patienten in einem Computer binnen drei Minuten die Blutfettwerte festzustellen, kann man auch kurzfristig kontrollieren, was dem Menschen hilft, seinen zu hohen Cholesterinspiegel zu normalisieren.

Und da hat sich herausgestellt: Die regelmäßige Einnahme von Knoblauch und Knoblauchöl kann wieder normale Zustände herstellen. Ganz besonders hervorragende Ergebnisse wurden international mit einer Kombinations-Therapie erreicht: Drei Monate lang bekamen Patienten täglich sechs Knoblauch-Kapseln und fünf Kapseln Japanisches Fischöl.

Grundsätzlich aber kann man den Rat erteilen: Wer in einer Untersuchung erfahren hat, daß seine Cholesterinwerte über 230 sind, der sollte regelmäßig die Kraft des lila Knoblauchs in seinem Organismus mithelfen lassen, die Blutfette auf natürliche Weise abzusenken.

Knoblauch beseitigt Konzentrationsstörungen

Fortschreitende Adernverkalkung mitunter schon im frühen Alter sowie Durchblutungsstörungen im Kopfbereich können recht plötzlich zu deutlichen Konzentrationsstörungen bei jungen Leuten und bei Senioren führen. Solche Fälle sind keineswegs hoffnungslos. In spanischen Altenheimen sowie in amerikanischen Altensiedlungen hat man mit konzentrierten Gaben von Knoblauch binnen kurzer Zeit die Insassen wieder geistig fit gemacht. Die Inhaltsstoffe des Knoblauchs regen die Durchblutung im Kopf an, aktivieren dadurch die Gehirnzellen und bekämpfen die vorhandene Adernverkalkung.

Wer geistig auf Draht bleiben möchte oder wer leichte Konzentrations- und Merkprobleme spürt, sollte sofort zu einer langfristigen Knoblauch-Therapie übergehen. Sehr bewährt hat sich international die Kombination von täglich sechs Knoblauch-Kapseln mit täglich einer Multi-Vitamin-Brausetablette ohne Zucker aus der Apotheke. Denn sehr oft ist bei Konzentrationsproblemen zusätzlich ein Vitamindefizit im Spiel.

Ein wichtiger Hinweis für beginnende Konzentrationsprobleme ist häufig auftretender Schwindel, depressive Stimmung, Müdigkeit. Mit diesen Symptomen werden die Durchblutungsstörungen im Kopfbereich eingeleitet.

Knoblauch heilt Durchblutungsstörungen

Ganz allgemein leiden viele Menschen unter Durchblutungsstörungen an verschiedenen Körperstellen. Ganz besonders betroffen sind die Beine und die Füße. Auch das Raucherbein ist die Folge einer fortgeschrittenen schweren Durchblutungsstörung und einer Adernverkalkung. Man ist längst davon abgekommen, dem Nikotinkonsum – also dem Rauchen – die Schuld am Raucherbein zuzuschieben. Der gefäßverengende Effekt des Nikotins ist nur einer von vielen Risiko-Faktoren.

Die ersten bedenklichen Anzeichen für eine Durchblutungsstörung in den Beinen sind permanent kalte Füße, ein Kribbeln bis in die Waden, ein taubes Gefühl im ganzen Bein, stechende Schmerzen beim Gehen. Wenn nun Männer rauchen und auch wenig Bewegung haben, wenn Frauen rauchen und gleichzeitig die Pille nehmen, dann sind sie verstärkt gefährdet.

Dr. König:
Knoblauch macht das Blut dünnflüssiger, wirkt so Durchblutungsstörungen entgegen, senkt damit das Risiko des ›Raucherbeins‹.

In diesem Fall bewährt sich wieder der regelmäßige Konsum von Knoblauch. An der Universität von Stettin gelang es Wissenschaftlern, allein mit Knoblauch-Therapien Raucherbein-Patienten im fortgeschrittenen Stadium vor der Amputation des Beins zu retten.

Prof. Dr. Rudolf Weiß erklärt dazu: »Der Knoblauch ist ein ideales Therapeutikum gegen die Arteriosklerose und all ihre Begleit- und Folgeerkrankungen. Besonders wirkungsvoll kann Knoblauch bei arteriellen Durchblutungsstörungen der Beine angewandt werden!«

Auch hier wieder bewähren sich Kombinationsbehandlungen mit Knoblauch aus der Kapsel mit Magnesium-Brausetabletten ohne Zucker aus der Apotheke. Vorbeugend sollte man sechs Knoblauch-Kapseln täglich mit einer Magnesium-Brausetablette nehmen.

Knoblauch gegen Augenhintergrund-Verkalkung

Ein heutzutage relativ häufig beobachtetes Leiden ist eine Arteriosklerose des Augenhintergrunds. Hier wurden vor allem in Spanien mit lila Knoblauch in kurzer Zeit durch hohe Gaben rasche Heilungen erzielt. Die Verkalkung ging derart zurück, daß Schulmediziner die Rückbildung des Leidens fassungslos beobachteten.

Knoblauch reguliert den Blutdruck

Bluthochdruck ist ein häufiges Leiden in unseren Breiten. Es werden viele Hausmittel und Therapien angeboten, um den Blutdruck in den Griff zu bekommen Der österreichische Arzt Dr. Rainer Schroth berichtet über seine Arbeit mit Knoblauch. Er bestätigt, daß der Konsum von reichlich Knoblauch zu hohen Blutdruck senken und zu niedrigen normalisieren kann. Und das ohne Nebenwirkungen, wie sie sonst bei starken Blutdruckmedikamenten nicht zu vermeiden sind. Auch Studien der Wissenschaftler Prof. Dr. Petkow in den sechziger Jahren und von Prof. Dr. Lutomski bewiesen, daß man mit Knoblauch-Behandlungen den Bluthochdruck deutlich senken kann, und man sah dabei auch Symptome wie Schwindelanfälle, Kopfschmerzen und Ohrensausen relativ rasch verschwinden. Auch bei Bluthochdruck erscheint eine tägliche Gabe von sechs Knoblauch-Kapseln empfehlenswert.

Knoblauch beeinflußt den Blutzucker

Bei allen faszinierenden Meldungen und Beobachtungen über den lila Knoblauch aus Spanien muß man auch Erfolgsmeldungen wohlüberlegt weitergeben. Immer wieder werden Untersuchungen angestellt, ob Knoblauch auch den erhöhten Blutzucker senken kann. Es gibt Laborversuche und Tierversuche an Ratten, die das beweisen. Nach hohen Knoblauchgaben konnte der Blutzucker innerhalb von wenigen Stunden gesenkt werden. Dennoch darf jetzt ein Diabetes-Patient nicht in den falschen Glauben verfallen, reichlicher und regelmäßiger Knoblauchgenuß könnte das Mittel seiner Wahl sein. Bei Diabetes kann Knoblauch immer nur eine natürliche Begleit-Therapie sein, die die Situation unterstützt und erleichtert. Zweifelsohne tut es dem Patienten mit zu hohem Blutzucker gut, wenn er reichlich Knoblauch zu sich nimmt. Und da wieder ist der Griff zum lila Knoblauch auf Grund der intensiveren Inhaltsstoffe die bessere Wahl.

Knoblauch mildert die Rauchersünden

Wie viele von uns greifen regelmäßig zur Zigarette, zur Zigarre oder Pfeife, wissen, wie schädlich es ist, und kommen einfach nicht davon los. Ärzte warnen heute in zwei Richtungen vor dem Nikotin: Da ist zuerst die Krebsgefahr und dann die schwere Schädigung von Herz und Gefäßen, zusätzlich die Belastung der Atemwege und eine mitunter gestörte Darmtätigkeit. Alles in allem: Das Nikotin vergiftet den Organismus. Prof. Dr. Koch und Dr. Ernst Schneider betonen, daß die Wirkstoffe von Knoblauch dieser Nikotinvergiftung und einer Reihe anderer Folgeerscheinungen entgegenwirkten. So kann Knoblauch zumindest – regelmäßig eingenommen – die ärgsten Sünden des Rauchens mildern.

Laut Maurice Mességue bekämpft Knoblauch auch die schädlichen Wirkungen des Nikotins.

Knoblauch reguliert Wechseljahrbeschwerden

Viele Frauen leiden in den Wechseljahren an typischen Symptomen wie Schweißausbrüchen, Hitzewallungen, Kopfschmerzen, Migräne, Kribbeln in den Beinen, Konzentrationsstörungen und Depressionen. Da der gesamte Hormonhaushalt und der Stoffwechsel in Umstellung sind, müssen dem Körper Vitalstoffe zugeführt werden. Hier haben sich monatelange Gaben von Knoblauchöl hervorragend bewährt. In den Anbaugebieten des lila Knoblauchs in Spanien ist es üblich, daß Frauen, wenn sie in die kritischen Wechseljahre kommen, zwei, drei Jahre lang den Saft des lila Knoblauchs trinken, den sie mit Sonnenblumenöl im Mörser aus den Knoblauchzehen herausstampfen. Mengenmäßig wären das wieder täglich etwa sechs Knoblauch-Kapseln.

Knoblauch wirkt gegen Parodontose

Die Parodontose macht vielen Menschen Probleme. Jüngsten Untersuchungen zufolge wirkt sich regelmäßiger Knoblauchkonsum günstig auf eine rasche Eindämmung dieser Zahnerkrankung aus. Auch bei Zahnwurzelentzündungen können die Substanzen des Knoblauchs helfen. Bei der Parodontose weisen spanische Ärzte deutlich darauf hin, daß man Knoblauch oder Knoblauchkapseln über viele Monate regelmäßig einnehmen muß, ehe man einen Erfolg feststellen kann.

Knoblauch besiegt Atemprobleme

Viele haben im fortgeschrittenen Alter Atemprobleme auf Grund von Adernverkalkung rund um die Luftwege. In der Folge kann es speziell durch Temperaturunterschiede leicht zu Verkrampfungen kommen. Genau diese Art von Atembeschwerden lassen sich auf Grund der nachweisbaren antiarteriosklerotischen Wirkung der Knoblauchinhaltsstoffe durch langfristige Therapien aus der Welt schaffen. Es gibt Arztpraxen und Kliniken in Spanien, Frankreich, Italien und in den USA, in denen Knoblauchöl mit Erfolg sogar gegen Lungenblähungen, Lungentuberkulose und Bronchialleiden eingesetzt wird, allerdings als zusätzliches, unterstützendes Mittel zu anderen Therapien. Zu Hause kann man es ausprobieren: Wer an Bronchitis leidet oder Keuchhusten hat, wird schneller wieder gesund, wenn er sich zusätzlich mit Knoblauch versorgt. Auch hier wäre die ideale Menge drei bis vier lila Knoblauchzehen oder sechs Stück Knoblauchkapseln.

Knoblauch dämmt Rheumabeschwerden ein

Es wäre übertrieben, wenn man behaupten würde: Lila Knoblauch ist ein erfolgreiches Rheumamittel. Doch konnte erst kürzlich nachgewiesen werden, daß hohe Knoblauchgaben entzündliche rheumatische Prozesse im Organismus abklingen lassen und eindämmen. Vor allem der lila Knoblauch wirkt bis zu einem gewissen Grad entzündungshemmend. Erfolge wurden erzielt mit einer Therapie von täglich sechs Knoblauch-Kapseln.

Knoblauch löst allgemeine Verkrampfungen

Viele von uns leiden ständig unter Ängsten: im Beruf und im Privatleben. Sie können nicht aus sich heraus, getrauen sich keine Meinungen zu äußern, keine Gefühle zu zeigen. Diese ständige Zurückhaltung wirkt sich auch körperlich aus. Es kommt zu ständigen Verkrampfungen im Brust- und Bauchbereich. Beine und Arme werden in krampfhaften Stellungen gehalten. Seelisch und körperlich lastet auf solchen Menschen ständig ein Druck. Ehe sie zu einem Psychiater gehen oder schwere Medikamente zur Entspannung nehmen, sollten diese Frauen und Männer zum Knoblauch greifen und einmal richtige ›Knoblauch-Orgien‹ feiern oder eine Therapie mit Knoblauch-Kapseln beginnen. Die Inhaltsstoffe des Knoblauchs entkrampfen verhältnismäßig rasch und können oft schwerwiegend erscheinende Probleme in kurzer Zeit lösen. Untersuchungen an verschiedenen Anti-Streßkliniken in den USA haben ergeben, daß Verkrampfungen, die durch belastenden negativen Streß – auch Dystreß genannt – entstehen, mit einer mehrmonatigen Knoblauch-Kur aus der Welt geschafft werden können. Man kombiniert in diesem Fall wieder täglich sechs Knoblauch-Kapseln mit täglich einer Magnesium-Brausetablette aus der Apotheke.

Knoblauch vertreibt Würmer

Auch heute noch in unserer zivilisierten Welt voll Hygiene leiden mehr Menschen, als wir vermuten, unter Wurmkrankheiten und Parasiten. Seit dem Mittelalter setzt man Knoblauch mit Erfolg dagegen ein. Heute raten Hausärzte ihren Patienten eine kombinierte Wurm-Kur gegen Faden- und Spulwürmer. Der Knoblauch – und auch hier wieder ganz besonders der lila Knoblauch aus Spanien – übt im Darm eine desinfizierende Wirkung aus. Man nimmt täglich sechs Knoblauch-Kapseln, oder man ißt vier frische lila Knoblauchzehen und läßt sich parallel einen Knoblaucheinlauf geben: 100 Gramm Knoblauchzehen werden kleingeschnitten und in einem Liter Wasser aufgekocht. Abkühlen lassen und dann verwenden.

Weizmann-Institut, Israel:
Das im Knoblauch enthaltene Allicin vermag den Erreger der Amöbenruhr (Durchfall) rasch abzutöten und hat keine Nebenwirkungen.

Knoblauch meistert Verdauungsprobleme

Die nachweislich desinfizierende Wirkung des lila Knoblauchs ist vor allem bei Problemen im Magen- und Darmbereich von Nutzen. Man weiß aus vielen wissenschaftlichen Versuchen, daß die Inhaltsstoffe des Knoblauchs Bakterien und Viren unschädlich machen können. Damit gibt der Knoblauch dem Organismus mit seinen körpereigenen Abwehrkräften die Chance, sich zu regenerieren und vorhandene Feinde zu besiegen. Auch hier gibt es eine interessante Arbeit des international anerkannten Knoblauch-Experten Dr. Rainer Schroth aus Österreich. Beim ersten Anzeichen von Unpäßlichkeiten im Darm sollte man Knoblauch einsetzen, denn wenn das Darmsystem nicht richtig arbeitet, besteht immer die Gefahr, daß über das Blut Giftstoffe in den gesamten Organismus gelangen und Organleiden hervorrufen. Knoblauch kann Darmkrämpfe, Darmentzündungen, Magenverstimmungen, Verdauungsstörungen, Magenverkrampfungen bekämpfen helfen. Auch hier gibt es die Möglichkeit für eine Therapie mit täglich drei bis vier frischen lila Knoblauchzehen oder sechs Knoblauch-Kapseln.

Knoblauch schützt vor grippalen Infekten

Knoblauch ist von einer Reihe namhafter Schulmediziner als natürliches Antibiotikum anerkannt. Daher sollte man ihn vor allem mit Medikamenten gegen Erkältungskrankheiten und gegen die Ansteckungsgefahr bei Schnupfen- und Grippe-Epidemien einsetzen. Auf Grund seiner antiviralen Wirkung kann der lila Knoblauch in ganz besonders starkem Maße den Körper gegen Grippe-Viren und andere Erkältungs-Bazillen schützen. Dazu ein guter Rat: Wenn eine

Grippe-Welle im Anmarsch ist, sollte man sofort reichlich Knoblauch konsumieren und keinen Tag warten. In einer Studie konnte nämlich nachgewiesen werden, daß Knoblauchgaben unmittelbar am Beginn einer bestehenden Infektion die Erkrankung nicht abbremsen konnten. Vorherige Gaben aber können vor einer Ansteckung total bewahren. Auch hier erscheint die Dosis von vier lila Knoblauch-Zehen oder sechs Knoblauch-Kapseln als ideal. Sehr erfolgreich erweist sich in diesem Zusammenhang eine Kombination mit täglich einer Multi-Vitamin-Brausetablette ohne Zucker aus der Apotheke in $^1/_3$ Liter Wasser aufgelöst. Sehr bewährt hat sich ais Anti-Grippe-Mittel eine Tasse heißer Hühnerbrühe mit einer Knoblauchzehe und anschließend vier Knoblauch-Kapseln.

Knoblauch hilft, daß Schleimhäute und Atmungsorgane besser durchblutet werden. Die Ansteckungsgefahr durch Schnupfen- und Grippeviren verringert sich.
Das Atmen über zerhacktem Knoblauch soll auch ›laufende Nasen‹ zur Ruhe bringen.

Knoblauch gegen Pilzerkrankungen

Die Pilzerkrankungen sind zu einem Problem unserer Gesellschaft geworden. In Hallenbädern, in Saunas und anderswo holen sich Frauen und Männer hartnäckige Pilze, die sie oft jahrelang nicht mehr loswerden. Die Pilzerkrankungen – in der Medizin Mykosen genannt – stellen auch für viele Ärzte ein Problem dar, weil viele Therapien nicht zielführend sind und nicht genügend Antibiotika vorhanden sind, die hier wirksam werden.

Da erscheint die Aussage von Prof. Dr. Reuter von der Universität Köln beachtlich: »Die antimykotische Wirkung des Knoblauchs gegen viele Pilzinfektionen ist nachgewiesen. In der Bekämpfung von Pilzerkrankungen hat das eine besondere Bedeutung.«

Sogenannte pathogene Hefepilze, die durch nichts zu besiegen sind, weichen oft einer Knoblauch-Therapie. Das heißt: Oft werden Pilzerkrankungen der Mundschleimhäute, des Rachens, der Speiseröhre, aber auch Pilzerkrankungen an den Geschlechtsteilen von Frauen durch eine Knoblauchkur gebessert oder besiegt. Der enorme Vorteil dabei ist, daß der Knoblauch nur die krankhaften Pilze, nicht aber die körpereigene, lebenswichtige Flora angreift, was sehr oft durch Medikamente geschieht.

In Patientenstudien in den letzten fünf Jahren an deutschen Kliniken konnte der Soorpilz durch Knoblauchextrakte abgetötet werden.

Es ist daher sinnvoll, vorbeugend gegen Pilzinfektion, aber auch bei vorhandenen Pilzerkrankungen mit Knoblauch über längere Zeit anzukämpfen. Auch hier wieder gilt das Grundrezept, wenn der Arzt nicht anders entscheidet: Täglich drei Knoblauchzehen oder sechs Knoblauch-Kapseln. Zusätzlich empfiehlt es sich, ergänzend über mindestens sechs Wochen täglich Goldhirse in verschiedenen Zubereitungen in den Speiseplan einzubauen.

Man weiß heute, daß es möglich ist, sich durch regelmäßige Knoblauchgaben und Hirsespeisen gegen Pilzerkrankungen abzusichern und im Körper eine ideale Immunsituation dagegen zu schaffen.

Knoblauch stärkt die Immunkraft

Das Schlagwort von der lebensnotwendigen Immunkraft ist in den letzten Jahren zu einem populären und zentralen Begriff in der Gesundheitsvorsorge geworden. Wenn der Organismus nicht genügend eigene Kräfte hat, kann er sich gegen leichte und schwere Erkrankungen nicht mehr durchsetzen. Es gibt nachweislich natürliche Mittel, welche mithelfen, unsere Immunkraft zu stärken. Dazu gehört zweifelsohne der Knoblauch, und da wieder in ganz besonderem Maße der lila Knoblauch. Man weiß heute, daß die zentrale Kommandozentrale für unser Immunsystem die Thymusdrüse ist. Sie erteilt den weißen Blutkörperchen, den T-Helferzellen und Makrophagen-Freßzellen den Auftrag, den Körper zu schützen und eindringende Feinde zu bekämpfen. Das bedeutet einen umfassenden Zellschutz.

Tumor-Insititut Houston:
Knoblauchöl sorgt für die Vermehrung weißer Blutkörperchen, verhindert die Beschädigung von Zellen. In der Bekämpfung von Krebs besonders wichtig.

Seit den erfolgreichen Untersuchungen im Atomstrahlen-Forschungszentrum von Seibersdorf in Österreich aus dem Jahre 1987 weiß man, daß die Inhaltsstoffe des Knoblauchs den Zellschutz entscheidend stärken können, selbst gegen radioaktive Strahlung. Dadurch ist zugleich auch der Beweis erbracht, daß Knoblauch gegen vorzeitiges Altern und Krebsentstehung hilft. Denn in all diesen Fällen geschieht ein und dasselbe: Unsere Zellen werden zerstört, weil sie zuwenig Abwehrkräfte besitzen.

In bezug auf Krebsschutz und Knoblauch gibt es eine Reihe anderer Versuche und Untersuchungen: An der Universität Sofia stellte man in einer Forschungsreihe unter der Leitung von Prof. Dr. Stoianoff fest, daß in allen Ländern, in denen die Menschen viel Knoblauch essen, die Krebsraten sehr niedrig sind. Bereits im Jahr 1936 entdeckte man an Mäusen, daß Knoblauch Geschwülste in ihrem Wachstum zu hemmen vermochte. Im Jahr 1956 gab es einen sensationellen Tierversuch in Serbien: Kranke Tiere mit Krebstumoren wurden mit Knoblauch behandelt. Während die unbehandelten nach 16 Tagen starben, lebten die ›Knoblauch-Patienten‹ 300 Tage. In der Obduktion konnten bei ihnen keine Tumorzellen mehr festgestellt werden. In anderen Versuchen konnten Brusttumore bei Mäusen mit Knoblauch voll zum Verschwinden gebracht werden.

Viele Schulmediziner empfehlen reichliche Knoblauchgaben als ernst zu nehmendes Mittel zur Krebsvorbeugung und zum Senken eines etwaigen Risikos. Vor allem Menschen, in deren Familie Krebsfälle zu verzeichnen, die radioaktiver Strahlung ausgesetzt sind und die rauchen, sollten den Knoblauch fest in ihr Leben einplanen; zumindest ist ihnen zwei- bis dreimal jährlich eine je sechswöchige Kur zu empfehlen, bei der sie täglich drei bis vier lila Knoblauchzehen oder sechs Knoblauch-Kapseln nehmen sollten.

Knoblauch reduziert Umweltbelastungen

Die Ergebnisse der Studie aus dem Atomstrahlen-Forschungszentrum in Seibersdorf bei Wien aus dem Jahr 1987 haben noch etwas deutlich bewiesen: Knoblauch ist ein idealer, ernst zu nehmender Partner des Menschen im Kampf gegen die wachsenden Umweltgifte. Daraus ergibt sich die ernsthafte Überlegung, inwieweit Menschen, die in der umweltbelasteten Großstadt leben und arbeiten, die in der Nähe von Industriegebieten oder Atomkraftwerken angesiedelt sind und speziell an verkehrsreichen Straßen wohnen, sich gegen all diese Gifteinflüsse durch den regelmäßigen Konsum von Knoblauch schützen sollten. Knoblauch entgiftet, baut die Zellen auf, schützt sie vor Veränderung und frühzeitiger Alterung. Das bedeutet: Knoblauch wird in Zukunft für uns alle noch viel wertvoller werden, als er es bisher schon war. Eine vorbeugende Schutzkur gegen Umweltgifte sollte mehrmals im Jahr einige Wochen dauern und etwa mit täglich vier Knoblauchzehen oder sechs Knoblauch-Kapseln durchgeführt werden.

Dr. Thamm:
Knoblauch vermag im Verdauungstrakt Schwermetalle wie Blei, Cadmium und Quecksilber zu binden, so daß diese sich nicht im Organismus speichern können.

Zweifelsohne kommt in der Kapsel dem Vitamin E des Sonnenblumenöls eine zusätzliche Schutzfunktion zu.

Knoblauch hilft bei Schlafstörungen

Wenn in der Mancha Frauen, Männer und Kinder unter Schlafproblemen leiden, dann greifen sie zum lila Knoblauch. Sie kauen ihn, trinken ihn in Milch kurz aufgekocht oder nehmen einen Teelöffel vom frischgepreßten Saft. Da Knoblauch eine stark entkrampfende Wirkung hat, kann er den Organismus auf einen ruhigen Schlaf vorbereiten und kann über das vegetative Nervensystem regulierend eingreifen. Man darf aber nicht erwarten, daß man bereits nach dem Kauen von einer Knoblauchzehe oder dem einmaligen Einnehmen von Knoblauch-Kapseln bestens schlafen kann. Die Therapie muß über längere Zeit durchgeführt werden und wirkt meist erst nach einigen Tagen.

Knoblauch bekämpft Krampfadern

Auf dem Lande war es schon im vorigen Jahrhundert üblich, daß Frauen bei Krampfadern-Leiden viel Knoblauch aßen. Dieses Hausrezept kennt man auch bei der spanischen Landbevölkerung. Die Wirkstoffe des Knoblauchs festigen die Blutgefäße, verhindern Thrombosen, die leicht in den Beinen entstehen, und fördern ganz allgemein die Durchblutung der Beine. Die Medizin verweist darauf, daß man mit Knoblauch die Situation sicher erleichtern, Heilungschancen untermauern, aber keine Ausheilung herbeiführen kann. Vielmehr scheint der Knoblauch – und da wieder der lilafarbene Knoblauch – ein ideales Naturprodukt zur Vorbeugung gegen Krampfadern zu sein. Vor allem, wenn in der Familie immer wieder Fälle von Krampfadern auftreten, sollte man häufig Knoblauch in den Speiseplan einbauen oder mehrmals im Jahr eine Knoblauch-Kur mit Kapseln durchführen.

Knoblauch hilft bei allgemeiner Erschöpfung

Das Leben stellt an uns alle in zunehmendem Maße harte Anforderungen an Körper und Geist. Junge Menschen sowie Senioren reagieren auf solche permanenten Belastungen sehr oft mit Erschöpfungszuständen und Müdigkeit. Wenn man nicht sofort etwas dagegen tut, wird dem Organismus mehr und mehr Substanz entzogen, was sich zweifelsohne auch im weiteren auf das Immunsystem auswirkt. Hier kann die regelmäßige Einnahme von Knoblauch über einen längeren Zeitraum enorme Hilfe bringen. Die Wirkstoffe des Knoblauchs beleben, bringen Vitalität zurück und geben jugendlichen Elan. Mit Sicherheit kommt dabei die Entgiftungsfunktion des Knoblauchs und seine Aufbauarbeit bei der Abwehrkraft zum Tragen.

Knoblauch und Impotenz

Wann immer gegen Impotenz natürliche Mittel genannt werden, nimmt der Knoblauch eine umstrittene Rolle ein. Denn so mancher denkt: Was nützt das Können des einen Partners, wenn das Wollen des anderen durch den Knoblauchgeruch gekillt wird! So darf man es nicht sehen: Der Knoblauch ist kein Naturmedikament, das man einnimmt, um dann in einen Liebesrausch zu verfallen. Wer Potenzprobleme hat, die auf Durchblutungsstörungen und Mangel an Spurenelementen zurückzuführen sind, ist gut beraten, wenn er über längere Zeit eine Knoblauchkur durchführt. Die durchblutungsfördernde Wirkung des Allicins sowie die potenzfördernde Wirkung von Zink und Selen sind nachgewiesen. Mit der Förderung der allgemeinen Vitalität steigt auch die Fähigkeit für den problemlosen Sex. Eine ideale Kombination ist die regelmäßige Einnahme von dreimal einer Knoblauchzehe pro Tag mit jeweils einem Eßlöffel Honig, oder die Einnahme von dreimal zwei Knoblauch-Kapseln mit jeweils einem Eßlöffel Honig.

Knoblauch ist kein Zaubermittel

– Chancen und Erwartungen eines langfristigen Kurprogramms –

So funktioniert die Knoblauch-Kur

Wer sich entschlossen hat, mit Knoblauch etwas für seinen Organismus zu tun, wer sich die Vorteile dieses Jungbrunnens zunutze machen und Aktivität und Vitalität erhalten oder zurückgewinnen will, der muß wissen:

- Knoblauch wirkt nur, wenn man ihn regelmäßig und in entsprechenden Mengen über einen längeren Zeitraum nimmt.
- Im Durchschnitt rechnet man mit einer Knoblauchmenge von täglich drei Zehen oder sechs Kapseln.
- Man sollte diese Menge nicht auf einmal konsumieren, sondern gleichmäßig auf den Tag aufteilen: morgens eine Zehe, mittags eine Zehe und abends eine Zehe. Oder morgens, mittags und abends je zwei Kapseln.
- Am Morgen sollte der Knoblauch, damit die Wirkung intensiviert wird, auf nüchternen Magen eingenommen werden. Wenn man sich bei den Kapseln jedoch leichter tut, wenn man sie mit dem Essen zu sich nimmt, dann ist dagegen nichts einzuwenden.
- Man sollte die Kapseln mit etwas Wasser schlucken.
- Wer regelmäßig Medikamente verordnet bekommt, braucht keine Angst zu haben, daß es Probleme geben könnte. Erst kürzlich hat eine Institution des Bundesgesundheitsamtes (Kommission E) festgestellt, daß es bei

Knoblauch-Einnahme zu keiner Wechselwirkung mit anderen Medikamenten kommen kann.

- Eine Knoblauch-Kur sollte mindestens einen Monat dauern. Ideal ist ein Zeitraum von sechs bis acht Wochen.
- Man kann in dieser Zeit durchaus frische Knoblauchzehen mit Knoblauch-Kapseln kombinieren oder abwechseln.

Wer all die Erfolgsmeldungen über wissenschaftliche Untersuchungen und Studien in Zusammenhang mit Knoblauch liest, der könnte Gefahr laufen, den Knoblauch für ein Zaubermittel zu halten. Davor möchte ich eindringlich warnen.

Die Wirkung des Knoblauchs – insbesondere des lila Knoblauchs – ist faszinierend. Dennoch wäre es gefährlich zu glauben, daß die Knolle oder die Kapsel den Arzt ersetzt. Es wäre vermessen, einzig und allein auf die Heilkraft des Knoblauchs zu setzen. Schwerwiegende Erkrankungen bedürfen unbedingt der ärztlichen Betreuung. Viele Leiden können niemals mit Knoblauch allein behandelt und bekämpft werden, auch wenn der Knoblauch eine ideale Basis oder eine sinnvolle Ergänzung in der Therapie darstellt.

Die Knoblauch-Therapie und ein Knoblauch-Programm haben nur dann einen Sinn, wenn man dabei umzudenken beginnt. Es hat absolut keinen Wert, Knoblauch zu essen und dabei gleichzeitig alle anderen Risiken für Krankheit und frühzeitiges Altern beizubehalten.

Wer auf Knoblauch setzt, der übernimmt auch Verpflichtungen gegenüber seinem Organismus:

- Er muß das Rauchen einstellen oder stark reduzieren.
- Er muß seine Ernährung umstellen: weniger Fett, weniger fettes Fleisch, mehr Gemüse und Obst, unbedingt Rohkost.
- Er muß sich regelmäßig Bewegung verschaffen durch Sport, Gymnastik, Gartenarbeit, Wandern, Spazierengehen, Radfahren.

Nur unter diesen Voraussetzungen wird der Erfolg einer Kur mit Knoblauch erkennbar sein und zum Ziel führen.

Die große Chance ist die Vorbeugung

In den letzten Jahrzehnten beherrschte die ›Reparatur‹-Medizin die Szene. Solange jemand kein deutlich merkbares Leiden hatte, galt er als gesund. Und wenn dann eine Krankheit zutage trat, bemühte sich die Schulmedizin, dieses Leiden gezielt zu kurieren. Inzwischen haben Sozialversicherungsträger und Staat erkannt, daß das eine überaus teure Methode der medizinischen Versorgung darstellt.

Heute ist man sich im klaren, daß es kostensparend und vor allem für den menschlichen Organismus von enormem Vorteil ist, wenn man erst gar nicht krank wird. Das braucht man nämlich nicht einzig und allein dem Schicksal zu überlassen:

- Gesund bleiben kann man lernen.
- Und jung bleiben kann man lernen.

Die Zukunft liegt in der Vorbeugung von Krankheiten, in der Prävention. Wir müssen selbst ein Programm zur Krankheitsvorbeugung für uns persönlich ausarbeiten und durchführen, das uns möglichst lange gesund und jung erhält.

Und da bietet der lila Knoblauch mit seinen vielfältigen therapeutischen, entgiftenden, antibiotischen, entkrampfenden und zellschützenden Inhaltsstoffen eine enorme Chance.

Der Vorteil: Hier haben wir ein Naturheilmittel erster Klasse zur Verfügung, das zugleich eine Köstlichkeit für unseren Gaumen ist. Das bedeutet: Mit einem Knoblauch-Programm kann der Knoblauch-Fan das Angenehme mit dem Nützlichen verbinden.

Lila Knoblauch zum Essen und zum Heilen

Allerdings muß man einen gewissen Unterschied zwischen dem lila Knoblauch machen, den man für die Küche verwendet, und jenem, den man zur Krankheitsvorbeugung, zum Jungbleiben und zum Bekämpfen von Leiden einsetzt:

- Grundsätzlich wird der Knoblauch-Kenner zum frischen Knoblauch greifen. Wenn er ihn nicht auf dem Markt oder im Gemüseladen bekommt, dann wird er ihn sicher in Spezialgeschäften oder in einem Delikatessenladen erstehen können. Frischer Knoblauch ist immer teurer als trockener. Der frische lila Knoblauch ist daran zu erkennen, daß seine zarte Haut, welche die Knolle, und jene, welche die einzelnen Zehen umschließt, weich und feucht ist. Und die Zehenhaut schimmert in einem frischen Lila.
- Frischer Knoblauch hat die meisten Vitalkräfte, in ihm sind sämtliche wirksamen Substanzen in großen Mengen enthalten. Dieser lila Knoblauch muß auch die Ausgangsbasis fürs Jungbleiben, Gesundbleiben und Gesundwerden sein. Wenn Sie zu Hause im Rahmen eines Programmes den lila Knoblauch einsetzen wollen, dann müssen Sie stets nach dem frischen fragen.
- Wenn Sie sich aus der Apotheke Kapseln besorgen, holen Sie sich automatisch frische Knoblauchkraft. Denn der Knoblauch wird geerntet und sofort an Ort und Stelle in ein Öl-Mazerat umgewandelt und mit allen wertvollen Inhaltsstoffen in die Kapseln eingebracht. Knoblauch-Kapseln enthalten grundsätzlich nur erntefrisches Knoblauchöl.
- Zum Würzen der täglichen Speisen eignet sich auch getrockneter Knoblauch. Man bekommt ihn in einzelnen Knollen oder in Zöpfen, bestehend aus zehn bis zwanzig Knollen. Der trockene Knoblauch verliert mit der Zeit an

Aroma und Inhaltsstoffen, hat aber dennoch seinen Wert für den Organismus.
Seine Haut ist trocken und pergamentartig und liegt fest an der Knoblauchzehe an.

- Wenn eine Knoblauchzehe allerdings ganz hart und trocken ist, wenn sie Staub abgibt, dann ist dieser Knoblauch nichts mehr wert und sollte weggeworfen werden.
  Wenn Sie Ihren Knoblauch für Ihre Gesundheit und zum Jungbleiben einsetzen wollen, dann müssen Sie außerdem folgendes beachten:
- Der frische lila Knoblauch sollte nicht im Kühlschrank aufbewahrt werden. Er darf nicht in Kälte konserviert werden.
- Knoblauch läßt sich von normalen Durchschnittstemperaturen nicht beeinflussen, solange 25 Grad Celsius nicht überschritten werden. Über diesen Temperaturen sollte er nicht aufbewahrt werden. Ideal ist ein luftiger, trockener Platz. Da die ganze Knolle keinen Geruch verbreitet, entsteht dadurch kein Problem bei der Lagerung.
- Wenn Sie eine Knolle aufbrechen und die einzelnen Knoblauchzehen entnehmen, müssen Sie kontrollieren, ob die eine oder andere eventuell schlechte Qualität hat oder verdorben ist. Diese Zehe muß sofort entfernt werden. Jede Zehe, die sich weich anfühlt, ist wertlos geworden.
- Es kann auch passieren, daß Knoblauch einen bitteren Geschmack hat. Auch dann sollte man ihn nicht verwenden.
- Die Knoblauch-Kapseln bewahrt man ebenfalls an einem trockenen Ort auf, auf jeden Fall vor zu hoher Temperatur geschützt. In der Kapsel behält das Knoblauchöl über Jahre seine Wirkstoffe.

III

Jung bleiben
kann
man lernen

Köhnlechners Knoblauch-Programm

*– Der erfolgreiche Weg
zu Fitneß und Gesundheit ab Vierzig –*

Was wir fürs Jungbleiben wissen müssen

Der Wunsch nach ewiger Jugend und die Sehnsucht, wieder jung zu werden, ist so alt wie die Menschheit und bleibt unerfüllbar. Denn es gibt keine Wunder und keine Wundermittel, die das ermöglichen. Jeder von uns hat aber die Möglichkeit, das Beste aus seinem Leben zu machen. Die Jahre, die wir hinter uns gebracht und mehr oder weniger sinnvoll gelebt haben, können nicht zurückgedreht werden. Doch wir können die belastenden Begleiterscheinungen der künftigen Jahre vermindern oder verhindern. Wer bewußt lebt und bewußt alles tut, was jung erhält, der kann Alterserscheinungen und Alterungsprozesse verzögern.

Es muß unser Bemühen sein, bis ins hohe Alter gesund und jung zu bleiben. Nur dann ist das Alter lebenswert.

Wie jung wir bleiben und wie lange es uns gelingt, Verschleißerscheinungen abzubremsen, das liegt in starkem Maße wirklich an uns allein. Jeder von uns stellt selbst die Weichen. Wir entscheiden selbst, ob unser Organismus unter optimalen gesunden oder unter verantwortungslosen Voraussetzungen arbeiten kann.

Wir müssen dabei zwei grundsätzliche Regeln befolgen:

- Alle Gefahren, Risiken und Belastungen, die das Altern fördern und beschleunigen, müssen ausgeschaltet werden, soweit dies in unserer Macht steht.

- Parallel dazu aber muß der Organismus bewußt durch fördernde Maßnahmen mit wertvollen Stoffen versorgt und aktiviert werden.

Diese fördernden Maßnahmen sind vielfältig:

- Wir müssen uns vernünftig und naturgemäß ernähren.
- Wir müssen dem Leben positiv gegenüberstehen.
- Wir müssen uns regelmäßig Bewegung verschaffen, denn »Wer rastet, der rostet«!

Naturprodukte, gesunde Atemluft und Bewegung: Im Grunde genommen sind das alles Lebenselixiere zum Jungbleiben, die jedem von uns zur Verfügung stehen.

Was die Naturprodukte betrifft, bietet sich uns ein Füllhorn an Wert- und Vitalstoffen, die unserem Körper und Geist all das geben, was er braucht, um recht lange schwungvoll zu bleiben, damit er besser Krankheiten abwehren und Leiden eindämmen kann. Lebenselixiere sind dazu da, daß wir unseren Organismus mit optimalem ›Sprit‹ versorgen.

Und so ein ›Supersprit‹ ist der lila Knoblauch.

Er bringt alle Voraussetzungen eines Lebenselixiers mit sich: Er liefert Vitamine, Mineralstoffe, Spurenelemente und viele Substanzen, welche die Voraussetzung für ein gesundes und langes Leben liefern. Die Inhaltsstoffe des lila Knoblauchs beeinflussen in ganz besonderer Weise die Abläufe in unserem Organismus.

Arterienverkalkung, Organschwächen, Gedächtnisschwäche, Kreislauf-, Stoffwechsel- und Verdauungsstörungen sind typische Alterserscheinungen, die das Jungbleiben boykottieren.

Der lila Knoblauch – regelmäßig und reichlich genossen – kann dafür sorgen, daß wir all diese unangenehmen Erscheinungen erst viel später spüren werden. Es ist daher sinnvoll, die Kraft des lila Knoblauchs im Rahmen eines kompletten Lebensprogrammes möglichst oft einzusetzen. Die spanischen Knoblauch-Bauern in der Mancha leben es uns Tag für Tag vor.

So lange kann man jung bleiben

Jeder von uns stellt sich irgendwann im Leben die Frage: Wie lang kann ich jung bleiben? Und wie alt kann ich eigentlich werden? Als junger Mensch denkt man darüber nicht intensiv nach. Später wird das Leben immer kostbarer, und es vergeht scheinbar schneller. Es liegt an uns, genau zu lernen, wie wir diese Zeit durch Jungbleiben voll nützen.

Schon Christoph Wilhelm Hufeland, Goethes Leibarzt, hat dazu eine Grundregel aufgestellt: »Wer wollte es leugnen, daß viele Menschen nur durch eigene Fehler und Unterlassungen in frühen Jahren zu Greisen werden. Sie lassen eben ihre Lebenskerze an beiden Enden brennen. Und ach, wie viele Menschen, die noch ihren Mitbürgern große Dienste leisten könnten, sinken aus eigenem Versehen, durch Nichtbeachtung von ihnen unwesentlich erscheinenden, winzigen Schädlichkeiten ins frühe Grab!«

In der ›Schule fürs Jungbleiben‹ muß man lernen:

- wie man das längere Leben sinnvoll nützt,
- wie man Fehler vermeidet, die uns rasch altern lassen,
- wie man hilfreiche Kräfte einsetzt, zu denen zweifelsohne der lila Knoblauch gehört.

Die Frage ist: Wie alt könnte ein Mensch unter optimalen Bedingungen wirklich werden?

- Hufeland behauptete bereits im Jahre 1796: Die Grenze der Lebensmöglichkeit für den menschlichen Organismus müsse bei 200 Jahren liegen. Der Mensch boykottiere dieses Ziel aber durch eigene Unkenntnis.
- Charles Darwin behauptete, daß der Mensch, der alles tut, um jung zu bleiben, ein Alter von 180 bis 200 Jahren erreichen müßte.
- Und heute meinen amerikanische Biologen und Mediziner, daß der Mensch bei ausreichender Versorgung mit Vitaminen, Mineralstoffen, Spurenelementen und ohne Umweltbelastungen und mit einem sehr bewußten Lebensstil etwa 120 Jahre alt werden müßte.

Sicher ist der lila Knoblauch kein Garant dafür, daß wir dieses Alter von 120 Jahren erreichen. Aber er trägt bedeutend dazu bei, daß wir unsere Lebenserwartung erhöhen können. Etliche Jahre können wir mit Hilfe eines regelmäßigen Knoblauch-Programmes dazugewinnen.

Man kann das nach jüngsten wissenschaftlichen Untersuchungen ganz konkret sagen:

Mit regelmäßigen Knoblauch-Kuren kann man das Leben um sieben Jahre verlängern.

Im Detail sieht das so aus:

- Die Lebenserwartung der Frauen würde damit von 77 auf 84 Jahre erhöht werden.
- Die Lebenserwartung der Männer könnte von 70 auf 77 Jahre erhöht werden.

Das sind beeindruckende Zahlen, die sagen: Es lohnt sich, mit dem lila Knoblauch zu leben.

Sind Sie ein Lila-Knoblauch-Typ ?

Es gibt den Lila-Knoblauch-Typ: Gemeint ist damit jener Mensch, der mehr als andere für seinen Organismus und für ein längeres, jugendlicheres Leben den Knoblauch ganz allgemein und den lila Knoblauch im besonderen braucht.

Man weiß heute, daß die Lebenserwartung nicht nur vom eigenen Lebensstil, von den Lebenssünden, sondern auch von der beruflichen Belastung abhängt. Die Arbeit eines Menschen, die er in seinen gesunden, rüstigen Jahren ausübt, wirkt sich wesentlich auf die Lebenserwartung aus. Das bedeutet, daß jene, die der Beruf auslaugt, schneller altern. Für sie ist es besonders wichtig, möglichst früh mit einem Knoblauch-Programm zu beginnen und sich früh an die Knoblauch-Jugend-Formel zu halten.

Zum Lila-Knoblauch-Typ der ›Alarmstufe 1‹ gehören:

Bergleute	Taxifahrer	Ärzte
Handwerker	Hausfrauen	Anwälte
Gastwirte	Arbeiter	Journalisten
Kellner		

Sie alle müßten eigentlich schon in frühen Jahren mit Knoblauch etwas fürs Jungbleiben tun, um ihren Organismus zu stärken.

Zum Lila-Knoblauch-Typ der ›Alarmstufe 2‹ gehören:

Landwirte	Büroangestellte
Lehrer	Handelsreisende
Apotheker	Sekretärinnen

Sie können mit dem Einsatz von Knoblauch sehr viel tun, um ihren Organismus vor frühzeitigem Altern zu schützen, weil sie beruflich in ihrer Substanz nicht so sehr gefährdet sind, daher bessere Voraussetzungen fürs Jungbleiben mitbringen.

Deswegen werden wir alt

Haben Sie eigentlich schon einmal darüber nachgedacht, warum wir altern und was beim Alterungsprozeß, der oft viel zu früh eintritt, im Organismus vorgeht?

- Unsere insgesamt 60 Billionen Körperzellen sind plötzlich nicht mehr so geschützt und daher angreifbar.
- Die Folge ist, daß mit der Schwächung von Zellen an bestimmten Körperstellen Gefäße und Organe rascher abgenützt werden.
- Zwar wird im Körper immer wieder Neues aufgebaut, regeneriert. Doch mit zunehmenden Jahren erfolgt diese Regeneration nicht mehr so lückenlos; sonst würden wir ja automatisch jung bleiben und uns nicht verändern.
- Gewisse Zellen im Organismus, die absterben, können sich nicht mehr erneuern, beispielsweise die Nerven- und die Gehirnzellen. Wenn Zellen in diesem Bereich des Organismus absterben, können sie nicht mehr durch neue ersetzt werden. Dadurch verliert das Nervensystem, aber auch unser Gehirn an Kraft. Wir müssen also rechtzeitig etwas dafür tun, daß diese Zellen erst gar nicht absterben.
- Die Organleistungen lassen nach. Es kommt zu den sogenannten Abnützungserscheinungen.
- Damit wird der Körper noch mehr gegen äußere Einflüsse geschwächt.

Durch seine gefäßschützende Wirkung kann Knoblauch – so amerikanische Wissenschaftler – die Lebenserwartung der Menschen um ca. 7 Jahre verlängern.
Männer können zukünftig also nicht 70, sondern 77 Jahre alt werden, Frauen 84 statt 77 Jahre.
»Der Mensch ist so alt wie seine Gefäße.«

Die berechtigte Frage ist: Wann beginnt nun eigentlich das Altern? Im Grunde genommen beginnt es im Augenblick der Geburt.

Daher muß man fragen: Von wann an ist unser Jungbleiben gefährdet? Ab wann müssen wir fürs Jungbleiben gezielt etwas tun?

Jungbleiben ist mit unserer Immunkraft verbunden. Je unangreifbarer und kräftiger der Organismus ist, desto besser kann er seine Zellen vor Abnützungserscheinungen, Umweltgiften, Radioaktivität, Krebsentstehung und vielem anderen schützen.

Das bedeutet: Der lila Knoblauch ist ein wichtiger Partner unserer Immunkraft.

Es ist für ein Knoblauch-Programm zum Jungbleiben ganz wesentlich, daß man die Hintergründe der Immunkraft genau kennt.

Internationale Wissenschaftler sind nämlich erst vor kurzem dem Geheimnis unserer Immunkraft auf die Spur gekommen. Man weiß jetzt mit Sicherheit: So wie das Gehirn als zentrale Leitstelle Gedanken und Reaktionen im Körper steuert, so gibt es eine ebenso faszinierende Kommandostelle für unsere gesamte Immunkraft. Das ist die Thymusdrüse hinter dem Brustbein unterhalb der Schilddrüse, der die Medizin noch bis vor einiger Zeit keinerlei Bedeutung zugemessen hat.

Die Thymusdrüse erzieht den Organismus vom ersten Augenblick seines Lebens an, sich selbst gegen eindringende und angreifende, aber auch gegen körpereigene Feinde zu schützen. Sie gibt einen entsprechenden Auftrag dazu an die weißen Blutkörperchen, an die Makrophagen-Freßzellen, an etliche Enzyme und an die T-Helferzellen. Ohne Thymusdrüse könnten sie alle nicht agieren.

Es hat sich in zahlreichen medizinischen Beobachtungen bestätigt: Wenn ein Mensch ohne die Thymusdrüse zur Welt kommt, geht er schon binnen weniger Tage elend zugrunde. Er kann in sich kein Immunsystem aufbauen.

Nun ergibt sich aber im Leben des Menschen folgendes Problem fürs Jung- und Gesundbleiben:

- Die Thymusdrüse entwickelt sich von der Geburt an sehr rasch. Sie ist in der Pubertät bereits voll ausgebildet und voll aktiv.
- Sie beginnt sich vom 18. bis 20. Lebensjahr bereits wieder stufenweise zurückzubilden.
- Ihre Aktivität läßt nach. Damit aber wird auch der Auftrag der Thymusdrüse an alle körpereigenen Abwehrkräfte geringer.
- Dadurch kommt es im Leben jedes Menschen um das 40. Lebensjahr zur großen Immun-Krise. Man spricht von der Thymo-Pause.
- In dieser Zeit ist der Organismus, der den Auftrag der Thymusdrüse allmählich vergißt, vielen Krankheiten und Verschleißerscheinungen ausgesetzt.
- Diese Krise wird durch ein unvernünftiges Leben, durch ungesunde Ernährung und durch Umweltbelastungen noch verstärkt.
- Daher ist es gerade um die 40 wichtig, daß wir beginnen, etwas für eine längere Lebenserwartung, fürs Jung- und Gesundbleiben zu tun.

Und dabei ist ein wesentlicher Faktor, den lila Knoblauch einzusetzen. Mit dem Knoblauch-Programm können wir mithelfen, unsere Immunkraft zu unterstützen.

Risikofaktoren, die das Jungbleiben gefährden

Mit zunehmendem Alter und mit abnehmender Immunkraft wird der Mensch krankheitsanfälliger, wenn er nichts dagegen tut. Es kommt zu einer Reihe von Risikofaktoren, die das Jungbleiben gefährden. In dieser Ansicht sind sich die Schulmedizin wie die Naturheilkunde einig.

Zu diesen Risikofaktoren zählen:

- Durchblutungsstörungen
- Bluthochdruck
- Erhöhte Blutfettwerte, erhöhter Cholesterinspiegel
- Nikotinbelastung
- Zuckerkrankheit
- Übergewicht
- Bewegungsmangel
- Negativer Streß
- Mangel an Mineralstoffen, Spurenelementen und Vitaminen.

Merken Sie etwas? Gegen viele dieser Risikofaktoren kann man vorbeugend den lila Knoblauch einsetzen, man kann damit einige dieser Risikofaktoren sogar erfolgreich eindämmen und bekämpfen.

Es ist deshalb sinnvoll, den lila Knoblauch gegen Risikofaktoren einzusetzen. Dafür muß man die speziellen Gefahrenzonen für unsere Risikofaktoren genau kennen. Es gibt da ein spezielles Knoblauch-Stufen-Programm in unserem Leben.

Das Knoblauch-Stufen-Programm

Man kann nicht früh genug damit anfangen, regelmäßig den lila Knoblauch in der Küche zu verwerten und als Lebenselixier, Heilmittel und Jungbrunnen einzusetzen. Doch es ist nicht notwendig, daß man von frühester Jugend an mit ›voller Kraft‹ damit arbeitet. Man muß den lila Knoblauch stufenweise in zunehmendem Maße einbauen.

Dazu muß man folgendes wissen: Im Leben jedes Menschen gibt es drei bedeutsame Knoblauch-Stufen. Das sind Zeitabschnitte, in denen man in ganz bestimmter Weise Knoblauch mit in den Tagesablauf einbeziehen sollte, um sich Jugendlichkeit, Vitalität und Fitneß zu erhalten:

- die Knoblauch-Start-Stufe
- die Knoblauch-Aufbau-Stufe
- die Knoblauch-Therapie-Stufe.

Jede Stufe ist für die Verlängerung der Lebenserwartung wichtig. Wenn Sie die eine oder andere Stufe nicht berücksichtigt haben, brauchen Sie keine Angst zu haben. Es ist nie zu spät, mit dem Knoblauch-Programm zu beginnen. Man kann durch einen intensiven Knoblauch-Einsatz vieles nachholen.

Die Knoblauch-Start-Stufe

Zwischen dem 15. und 29. Lebensjahr steht der Mensch auf dem Höhepunkt seiner körperlichen Kräfte. Seine Gesundheit ist, wenn er nicht allzusehr sündigt und nicht zu stark Umweltbelastungen ausgesetzt ist, nahezu unangreifbar. Bereits in dieser Zeit sollte der lila Knoblauch in Form von Speisen in den Lebensplan eingebaut werden. Von sich aus wird das der junge Mensch nicht tun, denn er denkt nicht an Gesundheit und Gesundheitsvorsorge, weil er sich wohlfühlt. Hier liegt die wesentliche Aufgabe und Verantwortung bei den Eltern, die Kinder vorsichtig mit dem Knoblauch vertraut zu machen, ihnen leckere Köstlichkeiten vorzusetzen, so daß sie zu Knoblauch-Fans werden und ihn selbstverständlich mit ins spätere Leben nehmen. Ich persönlich hatte das Glück. Vater und Mutter waren begeisterte Knoblauch-Esser und haben in mir die Begeisterung für den Knoblauch schon in früher Jugend geweckt.

In der Knoblauch-Start-Stufe ist ein täglicher Konsum des Knoblauchs oder die Einnahme von Knoblauch-Kapseln nicht unbedingt wichtig. Allerdings ist für junge Menschen mit gesundheitlichen Problemen oder für Jugendliche, die körperlich oder geistig schwerarbeiten müssen, zwei- oder dreimal im Jahr ein Knoblauch-Kurprogramm von großem Nutzen ist.

Die Knoblauch-Aufbau-Stufe

Zwischen dem 30. und dem 43. Lebensjahr steht der Mensch im Zentrum seiner seelischen und körperlichen Kraft und Reife. Er hat zu diesem Zeitpunkt meist eine eigene Familie, einen interessanten Beruf oder Aufgabenbereich und einen gewissen Besitz. Gerade deshalb aber begibt er sich in große Gefahr:

Er denkt wenig an seine Gesundheit. Er entspannt sich nicht genügend, verschafft sich viel zu wenig Bewegung, schläft zu wenig und ißt meist nicht gesund. Gerade in diesem Lebensabschnitt müßte er alles für seine gesundheitliche Vorsorge tun.

Jetzt ist der Zeitpunkt da, wo er zur Unterstützung seiner geistigen und körperlichen Kräfte das Knoblauch-Programm voll durchziehen sollte. Das bedeutet: Um die 40 wäre es an der Zeit, zumindest alle drei Monate sechs Wochen lang täglich drei Zehen Knoblauch oder sechs Knoblauch-Kapseln zu nehmen – wobei gerade in dieser Aufbau-Stufe des Knoblauch-Programms eine Dauerversorgung empfehlenswert wäre. Das kommt jedoch prinzipiell auf die persönliche gesundheitliche Verfassung jedes einzelnen an.

Die Knoblauch-Therapie-Stufe

Das ist die entscheidende Stufe im Knoblauch-Programm, vor allem, wenn zuvor die beiden anderen Knoblauch-Stufen unterlassen wurden.

In der Phase zwischen 44 bis 70 muß auf jeden Fall gegen Risikofaktoren angekämpft werden, auch wenn man bisher sehr gesund war. Von jetzt an ist es wichtig, für eine anhaltende geistige Frische zu sorgen. So, wie man den Organismus in dieser Phase versorgt, so wird er in den nächsten Jahrzehnten funktionieren.

Die Knoblauch-Therapie-Stufe fordert eine ganz konkrete und langfristige Versorgung mit Knoblauch.

Für viele wird eine Dauerversorgung unerläßlich sein. Aus Gründen des Geruchs kann diese Stufe auch mit Knoblauch-Kapseln bewältigt werden. Jedoch ist die ideale Lösung eine ständige, sinnvolle Kombination von Kapseln und von frischem Knoblauch in den Gerichten. Jetzt wird der Knoblauch zu einer notwendigen Lebenshilfe, wenn es darum geht, das Jungbleiben zu erhalten. In dieser dritten langen Stufe unseres Lebens entscheidet es sich, wie lange wir rüstig, gesund und fit sein werden.

Ein Vorschlag für jene, die das Jungbleiben selbst in die Hand nehmen wollen: Jeden Tag sechs Knoblauch-Kapseln und zweimal die Woche ein zünftiges Essen mit reichlich frischem Knoblauch, vorzugsweise dem spanischen lila Knoblauch.

Wann brauche ich Knoblauch?

Abgesehen von den vorgegebenen drei wichtigen Knoblauch-Stufen braucht jeder für alle Fälle eine grundsätzliche Hilfestellung zu einer wesentlichen Selbsterkenntnis: Wann brauche ich den Knoblauch als gesunde Natur-Therapie? Wann ist es höchste Zeit, ihn fürs Jungbleiben einzusetzen?

Wenn Sie sich vorher niemals mit dem Phänomen Knoblauch auseinandergesetzt haben, können Sie selbst an Hand eines einfachen Tests und Fragespiels schnell erkennen, ob Sie sofort im Interesse Ihrer Gesundheit und Vitalität mit einem Knoblauch-Programm beginnen müssen. Egal, wie alt Sie sind, Sie sollten sich einmal in einer ruhigen Stunde die folgenden Fragen ehrlich beantworten:

- O Fühlen Sie sich mitunter müde und abgespannt?
- O Brauchen Sie relativ lange, sich zu erholen, wenn Sie krank waren, auch wenn Sie nur eine harmlose Erkältung haten?
- O Haben Sie manchmal Depressionen, ohne einen Grund zu erkennen?
- O Sind Sie mitunter gereizt?
- O Leiden Sie unter wiederkehrenden Kopfschmerzen?
- O Haben Sie Schlafstörungen?
- O Spüren Sie hin und wieder ein Zucken in den Augenlidern?
- O Quält Sie eine immer wiederkehrende, hartnäckige Stuhlverstopfung?
- O Haben Sie ab und zu Magen- und Darmkrämpfe?
- O Müssen Sie häufig tagsüber gähnen?

- O Werden Sie öfter von Angstträumen verfolgt?
- O Leiden Sie öfter unter kalten Händen und Füßen?
- O Verspüren Sie des öfteren ein unangenehmes Kribbeln in den Händen oder in den Füßen?
- O Haben Sie immer wieder übermäßige Schweißausbrüche?
- O Haben Sie hin und wieder einen Schwindelanfall?
- O Haben Sie sexuelle Probleme?
- O Sind Sie manchmal vergeßlich?
- O Rauchen Sie?
- O Nehmen Sie die Pille?
- O Leiden Sie unter zu hohem Blutdruck?
- O Haben Sie einen zu hohen Cholesterinspiegel, etwa über 230?
- O Gab es in Ihrer Familie Fälle von Krebs?
- O Neigen Sie zu Hautpilz-Erkrankungen ?
- O Gab es in Ihrer Familie Fälle von Herzinfarkt und Schlaganfall?
- O Haben Sie ein Atemwegsleiden?
- O Geht Ihnen beim Treppensteigen die Puste aus?

- Wenn Sie zwei der 26 Fragen eindeutig mit Ja beantworten, dann sollten Sie sich in Zukunft genauer beobachten und Ihre Lebensgewohnheiten durchdenken und kontrollieren.
- Wenn Sie vier der Fragen mit Ja beantworten, dann sollten Sie einmal probeweise ein dreiwöchiges Knoblauch-Programm durchführen und sich die Reaktionen Ihres Organismus notieren.
- Wenn Sie mehr als vier Fragen mit Ja beantworten, dann brauchen Sie in jedem Fall ein Knoblauch-Programm, und zwar über einen längeren Zeitraum. Sie müssen dann nämlich gezielt etwas für Ihren Organismus tun. Sie sind damit ein absoluter Anwärter für das Knoblauch-Programm.

Die Bilanz der Hundertjährigen: Knoblauch

Erst kürzlich hat ein Reporter der angesehenen amerikanischen Zeitschrift ›Prevention‹ eine Untersuchung veröffentlicht. Er hatte im Laufe von Jahren jeweils Hundertjährige interviewt, die noch vital und in geistiger sowie körperlicher Frische ihren Geburtstag feiern konnten. Und er faßte zusammen, inwieweit die Aussagen dieser Jubilare übereinstimmten, was alles gleich in ihrem Leben war.

Hier das Ergebnis der Befragung:

- Sowohl die Frauen als auch die Männer hatten bis ins hohe Alter gearbeitet und sich wenig Freizeit gegönnt.
- Sie lebten allerdings dabei nicht im Streß und bewahrten immer die Ruhe.
- Sie ernährten sich einfach, karg und natürlich.
- Sie rauchten entweder gar nicht oder nur sehr wenig.
- Sie nahmen Alkohol nur in geringen Mengen zu sich.
- Sie zeigten immer Humor und Menschenfreundlichkeit.
- Sie hatten betagte Vorfahren.
- Und alle gaben übereinstimmend zu: Sie liebten den Knoblauch, hatten ihn zumeist schon von den Großeltern und Eltern her gekannt und hatten niemals aufgehört, ihn in großen Mengen zu essen: roh, frisch, getrocknet, geräuchert, in Öl eingelegt und später dann aus praktischen Gründen und aus medizinischer Überzeugung in Form von Kapseln.

Solche Befragungen von betagten Frauen und Männern liegen in vielen Ländern der Erde vor. Es gibt sie auch aus Spanien, ganz speziell in der Mancha, wo es den lilafarbenen Knoblauch gibt. Überall kommt dabei zutage, daß rüstige, gesunde und sehr alte Menschen den Knoblauch als ständigen Begleiter durchs Leben nennen.

Wieviel Knoblauch braucht der Mensch?

Der Laie, der das alles hört und liest, fragt sich nun in bezug auf sein eigenes, persönliches Knoblauch-Programm: Wieviel Knoblauch braucht ein erwachsener Mensch nun wirklich, wenn er lernen will, jung zu bleiben? Was darf, was soll und kann man dem Organismus zumuten? Ab wann ist es nützlich und heilsam, Knoblauch zu nehmen?

Früher war das eher eine Sache von Gefühl, von Tradition, wieviel Knoblauch man gegessen hat.

Heute weiß man, daß viele Menschen viel zu wenig Knoblauch gegessen haben und daher niemals zu einer medizinischen oder verjüngenden Wirkung gelangten.

Ideal ist es, täglich oder zumindest dreimal die Woche Knoblauch zu konsumieren.

Inzwischen hat nämlich die Wissenschaft exakt errechnet, welche Menge von Knoblauchöl mit seinem Hauptwirkstoff Allicin und all den anderen wichtigen Substanzen unser Organismus braucht, damit er zu den bekannten Wirkungen kommen kann.

- Wer den Knoblauch über die Gaumenfreude hinaus zu Zwecken der Heilung, des Vorbeugens und des Gesundbleibens zu sich nehmen möchte, der muß ihn regelmäßig konsumieren.
- Die ideale Voraussetzung lautet: täglich oder zumindest dreimal die Woche.
- Medizinisch berechnet braucht der menschliche Organismus zur Verlängerung seiner Lebenserwartung täglich etwa drei bis vier Zehen frischen lila Knoblauch, vom normalen Knoblauch sind es mehr. Das ist für einen, der

Knoblauch nicht mag, aber nicht auf seine Wirkung verzichten möchte, eine harte Nachricht. Für einen Fan ist das kein Problem. Für einen Nicht-Fan ist es problematisch, am Tag soviel Knoblauch zu verzehren.

- Wenn man diese notwendige Knoblauchmenge in Knoblauch-Kapseln umsetzt, so braucht man pro Tag sechs Kapseln, die man am besten so einnimmt: morgens, mittags und abends je zwei Kapseln.
- Eine Mindest-Kur im Rahmen eines Knoblauch-Programmes dauert sechs Wochen mit einer täglichen Knoblauch-Einnahme.
- Das Knoblauch-Voll-Programm zum Jungbleiben besteht aus einer permanenten täglichen Einnahme, eventuell mit einer ein- bis zweiwöchigen Pause nach jeweils drei Monaten.
- Man kann ebensogut kombinieren: sechs Wochen eine Knoblauch-Kapsel-Kur, dann sechs Wochen frischen Knoblauch. Das mazerierte Knoblauchöl und die Inhaltsstoffe des frischen Knoblauchs sind gleichwertig in ihrer Wirkung auf den gesamten Organismus. Es ist beispielsweise sehr sinnvoll, eine Kur mit Knoblauch-Öl-Mazerat mit köstlichen Knoblauch-Gerichten zu ergänzen.
- Wichtig dabei ist allerdings, daß sowohl die Kapseln als auch der erntefrische Knoblauch nicht zu warm und nicht zu kalt gelagert werden sollen.

So verlängern Sie Ihre Lebenserwartung

– Köhnlechners Knoblauch-Programm in der Praxis –

Jungbleiben mit der Kraft des Knoblauchs bedeutet nicht, einfach weiterleben wie bisher und den Knoblauch zusätzlich in das bisherige Leben einbauen. Jungbleiben funktioniert nur dann, wenn der Knoblauch mit einer vernünftigen Lebensweise einhergeht. Alles andere würde bedeuten, gegen die Vorteile des Knoblauchs zu kämpfen. Wenn Sie Ihre Lebenserwartung mit Knoblauch um sieben Jahre verlängern wollen, dann muß das mit einer bewußten Lebensführung geschehen.

Merken Sie sich dazu vielleicht als Richtlinie meine einfache Jugend-Formel:

Knoblauch + Vernünftige Lebensweise =
7 Jahre länger leben.

Das sollte für Ihr Knoblauch-Programm das Leitmotiv sein. Dazu ist es natürlich wichtig, daß wir bestimmte wichtige Lebens-Situationen genau auf den Knoblauch abstimmen. Wie Sie das machen, um den größten Vorteil für Ihr eigenes Leben, für die Gesundheit und fürs Jungbleiben herauszuholen, soll das praktische Knoblauch-Programm zeigen.

Knoblauch und Ernährung

Die tägliche Ernährung ist ein wesentlicher Faktor fürs Gesundsein und Jungbleiben. Wir wissen, daß viele Krankheiten einzig und allein auf falsche Ernährung zurückzuführen sind. Die Erklärung dafür liegt auf der Hand: Der Organismus ist das, was man ißt. Wer seinem Organismus reichliche Wert- und Aufbaustoffe zuliefert, gibt ihm Kraft. Wer ihn verantwortungslos mit biologisch wertlosen Lebensmitteln vollstopft, kann von ihm keine Leistungen, keine Energie und keine Vitalität erwarten.

Knoblauch bringt dem Körper viele solcher Wertstoffe und löst beachtliche Wirkungen aus. Doch Knoblauch allein kann keine Wunder vollbringen, wenn der Organismus sonst rundum belastet und nicht unterstützt wird.

Wenn ich also jetzt täglich drei Knoblauchzehen esse oder sechs Knoblauch-Kapseln zu mir nehme und mich sonst in der Ernährung nicht auf Gesundheit einstelle, ist die Wirkung des Knoblauchs begrenzt. Auf diese Weise wird es nie einen durchschlagenden Knoblauch-Erfolg geben.

Ein ›Vital-Drink‹:

2 cl Zwiebelsaft · 4 cl Weißdornsaft
dazu
1 ganze Knolle Knoblauch-Preßsaft –
wirkt entwässernd, blutreinigend, leistungsanregend.

14 Tage vormittags trinken.

Hilfreich auch bei rheumatischen Beschwerden und Morgensteifigkeit an Händen und Füßen.

Wer sich also für das Knoblauch-Programm zum Jungbleiben entschlossen hat, muß auch seine Ernährungsgewohnheiten unter die Lupe nehmen und muß einiges verändern, um Krankheiten abwehren, den Körper stärken und die Lebenserwartung erhöhen zu können.

Hier die Richtlinien für eine sinnvolle Ernährung zum Knoblauch-Programm:

- Übertreiben Sie nicht, wenn Sie bisher vollkommen unüberlegt gegessen haben. Stecken Sie sich nicht gleich überstürzt zu hohe Ziele. Streichen Sie nicht sofort alle bedenklichen Lebensmittel von Ihrer Speisekarte. Diese Übertreibung ist nicht notwendig. Gehen Sie Schritt für Schritt vor. Gönnen Sie sich vorerst weiter Ihre Lieblingsspeisen. Reduzieren Sie eher die Häufigkeit. Ein Vorschlag: Genießen Sie alle Köstlichkeiten, die nicht ganz der gesunden Norm entsprechen, weiterhin am Wochenende. Am Montag halten Sie sich wieder an die neuen Regeln. Allerdings nehmen Sie weiter am Wochenende strikt Ihre Knoblauch-Gaben.
- Niemand verlangt von Ihnen, daß Sie mit dem Knoblauch-Programm vollkommen auf die Vollwertkost umsteigen, wenngleich das auch die Ideallösung wäre. Aber es ist schon sehr wichtig, wenn Sie nicht permanent Weißbrot und weiße Brötchen essen, sondern in regelmäßigem Rahmen auch das Vollkornbrot in den Speiseplan einbauen. Man weiß heute, daß Vollkornbrot das gesamte Stoffwechselgeschehen im Organismus zum Positiven verändern kann. Und Untersuchungen haben auch ergeben, daß die Wirkung des Knoblauchöls Allicin und der anderen Knoblauch-Substanzen in Zusammenarbeit mit Vollkornbrot intensiver wird. Sie sollten daher auch frischen lila Knoblauch ausschließlich auf Vollkornbrot verzehren.

- Reduzieren Sie zu große Fleischmengen. Auf dem Teller sollte das Fleisch immer nur ein Drittel der gesamten Mahlzeit ausmachen.
- Bauen Sie besser reichlich frisches Gemüse und Obst in Ihre Mahlzeiten ein. Vor allem das Abendbrot wird gesünder, wenn es aus Rohkost mit Knoblauch besteht.
- Sie sollten die riesigen Zuckermengen, die Sie bisher gewohnt waren, reduzieren. Gewöhnen Sie den Gaumen an einen mäßigen Genuß von Süßem. Verwenden Sie Honig, Birnendicksaft, Ahornsirup, braunen Rohrohrzucker, aber auch dabei von allem nicht zuviel.
- Gewöhnen Sie sich auch langsam das übermäßige Naschen von Bonbons, Kuchen und Torten ab. Stillen Sie besser Ihr Verlangen nach Süßem durch das Kauen von köstlichen Trockenfrüchten wie Datteln, Feigen, Aprikosen, Apfelringen und Rosinen. Übermäßiges Naschen verkürzt das Leben und erschwert dem Knoblauch die Arbeit im Organismus.
- Wer sich für das Knoblauch-Programm entschieden hat, sollte öfter in den Reformläden einkaufen gehen und Nahrungsmittel besorgen, die die Wirkung des Knoblauchs unterstützen und das Jungbleiben erleichtern. Essen Sie einmal in der Woche anstelle von Fleischgerichten Sojaprodukte. Bereiten Sie sich keine Brühe aus Rindfleisch, sondern aus Gemüse, die Sie mit Knoblauch verbessern. Gemüsebrühe gibt es auch im Reformladen in Pasten- oder Pulverform.
- Lassen Sie sich von einem etwaigen Spott Ihrer Mitmenschen nicht von Ihrem Weg abbringen. Man wird Sie vielleicht wegen des regelmäßigen Knoblauch-Programms belächeln, wird sich lustig machen. Halten Sie durch. Es ist immerhin Ihr Lebenskapital, welches Sie hier verwalten. Man wird Sie dann später fürs merkbare Jungbleiben beneiden.

- Belasten Sie in Ihrem Ernährungsprogramm Ihren Körper nicht zu sehr durch übermäßige Alkoholmengen oder zu große Mengen an starkem Bohnenkaffee. Während des Knoblauch-Programms sollte das Hauptgetränk Mineralwasser sein, weil es den Organismus mit Mineralstoffen versorgt, keine Kalorien anliefert und gleichzeitig dabei mithilft, daß Giftstoffe und Schlackenstoffe über die Harnwege ausgeschieden werden.
- Nehmen Sie sich für die Zukunft im Interesse Ihrer Gesundheit und Ihrer jugendlichen Vitalität eines vor: Setzen Sie sich wirklich nur dann zu Tisch, um zu essen, wenn Sie Hunger haben. Lösen Sie sich von dem engstirnigen Denken, daß man täglich um 12 Uhr zu Mittag essen muß. Nur das Frühstück sollten Sie niemals auslassen. Es ist ein ganz wesentlicher Tagesanfang, bei dem der Körper seine ersten Reserven für den Tag tankt. Dieses Frühstück sollte auch nach Möglichkeit immer um dieselbe Zeit eingenommen werden.
- Sie müssen auch den Mut und die Disziplin aufbringen, beim Essen aufzuhören und vom Tisch aufzustehen, wenn Sie das erste Anzeichen einer Sättigung spüren. Es ist sehr schlecht, regelmäßig mit einem eher unangenehmen Völlegefühl aufzustehen.
- Wenn Sie essen, kauen Sie jeden Bissen mit Bedacht. Sie helfen dem Körper und dem gesamten Verdauungstrakt dabei enorm, die aufgenommene Nahrung leichter zu verarbeiten und zu nützen. Dieses Kauen gilt übrigens auch für den frischen Knoblauch. Er muß, um volle Wirkung zu bringen, gut eingespeichelt und von den Zähnen zermalmt werden. Die Knoblauch-Kapseln hingegen werden mit reichlich Flüssigkeit als Ganzes geschluckt.
- Beginnen Sie jede Mahlzeit mit frischem Obst oder Gemüse: ein Apfel, eine Birne, eine Melone sind ein guter

Auftakt, ebenso ein Teller Salat. In diesem Salat kann bereits frischer Knoblauch vertreten sein.

- Wenn Sie Gemüse zubereiten, dann sollten Sie es nur schonend dämpfen.
- Wenn Sie während des Knoblauch-Programms auf Fleisch nicht verzichten wollen und können, dann greifen Sie eher zu schonenden Fleischsorten wie Huhn, Pute oder Lamm.
- Reduzieren Sie Ihren Salzkonsum. Der menschliche Organismus braucht am Tag drei bis fünf Gramm Salz. Wir aber nehmen im Durchschnitt bis zu 18 Gramm pro Tag zu uns. Das ist gefährlich. Zuviel Salz ist ein zusätzlicher Risikofaktor für Herz- und Kreislauferkrankungen. Greifen Sie während des Knoblauch-Programms zu Kräutersalz. Das ist ebenfalls Salz, aber mit zwei Drittel Kräutern vermischt.
- Wenn Sie das Knoblauch-Programm durchziehen, sollten Sie darauf achten, daß Sie als Beilagen zum Fleisch basenbildende Nahrungsmittel einsetzen, damit Sie die belastende Harnsäure des Fleisches besser abbauen können. Diese Säure kann nämlich nur mit Hilfe von basischen Naturprodukten abgebaut werden. Essen Sie also reichlich Obst, Salat und vor allem Pellkartoffeln.
- Bemühen Sie sich, konservierten Lebensmitteln auszuweichen: Pökelfleisch, Wurst, Geräuchertes, Konserven aller Art. Greifen Sie im Lebensmittelladen vor allem zu jenen Produkten, die ohne chemische Zusätze verkauft werden.

Sie müssen selbstverständlich nicht alles in der langen Liste sofort ändern. Doch es hat keinen Sinn, sich dem Knoblauch zu verschreiben und sich sonst um nichts zu kümmern. Sie werden es selbst merken: Wenn Sie sich an diese Grundsätze der gesünderen Ernährung halten und regelmäßig Ihren Knoblauch nehmen, werden Sie rasch den Erfolg spüren:

- Sie nehmen nämlich bei gesünderer Kost automatisch ab, ohne daß Sie sich sonderlich anstrengen müßten. Sie steuern Schritt um Schritt Ihrem Idealgewicht zu. Und auch das ist verjüngend.
- Sie haben die besseren Nerven und sind beruflichen wie privaten Aufgaben wieder viel besser gewachsen.
- Sie Sind Krankheiten gegenüber viel widerstandsfähiger.
- Knoblauch – kombiniert mit gesunderer Ernährung – macht Sie nicht nur jünger, sondern auch fröhlicher und optimistischer.
- Wenn Sie fallweise oder regelmäßig Beschwerden nach dem Essen hatten: Damit ist es vorbei.

Suchen Sie also die sinnvolle Kombination mit dem täglichen Knoblauch und einer sinnvoll durchdachten Nahrungsaufnahme.

Knoblauch und Bewegung

Ein altes deutsches geflügeltes Wort besagt: »Essen und Trimmen, beides muß stimmen!«

Das gilt ganz besonders auch für das Knoblauch-Programm.

Wer sich mit den Kräften des lila Knoblauchs aus spanischer Erde versorgt, wer seine gesamte Ernährung überdenkt, der darf dabei nicht vergessen, daß unser Körper in Bewegung sein muß. Und zwar aus mehreren Gründen:

- Durch die Bewegung wird dem Organismus mehr lebensnotwendiger Sauerstoff zugeführt.
- Unsere Organe bleiben länger jung.
- Unsere Gelenke bleiben in Schwung und daher ebenfalls jung.

- Zu viele Kilos werden dadurch besser abgebaut.
- Herz und Kreislauf werden trainiert und sind dadurch weniger anfällig.
- Die natürlichen Abwehrkräfte funktionieren besser.

Wer also jung bleiben möchte und sich für das Knoblauch-Programm entscheidet, hat sich selbst gegenüber auch noch die große Verpflichtung, immer in Bewegung zu bleiben. Das bedeutet, daß zum Knoblauch-Programm im Grunde genommen eine Bewegungs-Therapie verpflichtend ist.

Sagen Sie jetzt aber nicht: Ich brauche kein Bewegungs-Programm. Ich mache den ganzen Tag Bewegung. Der eine meint, er ist Arbeiter im Straßenbau und schuftet von morgens bis abends am Preßluftbohrer. Hausfrauen meinen, sie würden den ganzen Tag in der Küche und im Haushalt genug in Bewegung sein. Dasselbe sagt auch die Verkäuferin im Laden. Das alles sind keine gesunden Bewegungen im Sinne einer Therapie fürs Gesund- und Jungbleiben.

Zum Knoblauch-Programm brauchen wir:

- Bewegung, die uns nicht allzusehr anstrengt,
- Bewegung, die uns aber dennoch fordert,
- Bewegung, die uns Spaß macht,
- Bewegung, die mit der Aufnahme von sauerstoffreicher Luft verbunden ist,
- Bewegung, die alle Teile unseres vielfältigen Organismus in Schwung bringt.

Das sind Bewegungs-Therapien, die Sie in Ihr Knoblauch-Programm einbauen sollten:

Die Wander-Therapie zum Knoblauch-Programm

Gerade wenn Sie in Ihr Knoblauch-Programm reichlich frischen lila Knoblauch einbauen, sollten Sie sich viel in freier

Natur aufhalten, schon allein um Ihre Ausdünstung rascher loszuwerden. Aber auch im Zusammenhang mit der Einnahme von Knoblauch-Kapseln sollte man sich in freier Natur bewegen. Wandern Sie zumindest einmal in der Woche durch Wald und Wiese, egal bei welchem Wetter. Hasten Sie nicht durch die Gegend, sondern genießen Sie die Natur. So eine Therapie-Wanderung sollte mindestens zwei Stunden dauern.

Die Radfahr-Therapie zum Knoblauch Programm

Eine optimale Bewegungs- und Sportart, bei der der gesamte Organismus gefordert wird, ist das Radfahren. Es ist eine ideale Ergänzung zur regelmäßigen Einnahme von Knoblauch. Es gibt heute in fast allen Städten und in vielen Fremdenverkehrsgebieten hervorragende Radwege. Treten Sie sich fit und jung und sorgen Sie dafür, daß die Kräfte, die der Knoblauch Ihrem Organismus liefert, als sinnvolles Kapital angelegt werden. Fahren Sie auf dem Rad nicht zu schnell. Überanstrengen Sie sich nicht. Als grobe Regel gilt: Radfahren ist dann gesund, wenn man dabei noch ohne große Anstrengung mit dem Partner reden kann. Radfahren sollte man allerdings mindestens zweimal die Woche, jeweils ein bis drei Stunden, im Rahmen des Knoblauch-Programms.

Die Schwimm-Therapie zum Knoblauch-Programm

Das ganze Jahr über kann man eine Bewegungs-Therapie zum Knoblauch-Programm durchführen, die obendrein Spaß macht: Schwimmen.

Man findet heute überall im Sommer Freibäder, in der kalten Jahreszeit Hallenbäder mit allen Komforteinrichtungen. Sie sollten diese nützen. Knoblauch essen und Schwimmen (aber Rückenschwimmen, nicht Brustschwimmen) ist eine sehr sinnvolle Kombination fürs Jungbleiben. Vor allem hält man damit die Wirbelsäule fit und trainiert die Atemwege. Und das bedeutet wieder Zufuhr von lebensnotwendigem Sauerstoff, der auch für die Wirkung des Knoblauchs im Körper sehr wichtig ist.

Die Gymnastik-Therapie zum Knoblauch-Programm

Wer regelmäßig seine Knoblauch-Kapseln einnimmt oder täglich im Rahmen des Knoblauch-Programms drei Knoblauchzehen konsumiert, sollte – wenn er gesundheitlich dazu in der Lage ist – regelmäßig eine ganz bestimmte Ergänzungs-Therapie absolvieren.

Diese Bewegungsübungen – es handelt sich dabei um leichte Gymnastikübungen – müssen

- morgens vor dem Einnehmen der Knoblauch-Kapseln
- und abends vor dem Einnehmen der Knoblauch-Kapseln durchgeführt werden.

Die Morgen-Übungen zum Knoblauch-Programm

- Setzen Sie sich gleich nach dem Aufstehen auf einen Stuhl, strecken Sie sich, dehnen Sie sich. Atmen Sie tief aus und ein. Jetzt drücken Sie beide Ellenbogen bei angewinkelten Armen weit nach hinten.
- Danach erheben Sie sich und gehen federnd oder hüpfend einige Schritte umher.
- Stellen Sie Sich hin und wippen Sie mit den Füßen von der Ferse bis zur Zehenspitze. Gehen Sie dabei etwas in die Knie.
- Gehen Sie in die Kniebeuge und wippen Sie hier mit den Füßen weiter. Das ist etwas anstrengender.
- Stellen Sie sich breitbeinig hin und schwingen Sie nun Ihren Oberkörper aus den Hüften weit nach links und dann weit nach rechts. Stützen Sie dabei die Arme in die Hüften.

- Dann bleiben Sie stehen und kreisen mit dem Kopf zuerst nach links, dann nach rechts.
- Zum Abschluß laufen Sie barfuß durchs Zimmer, hüpfen wie beim Seilspringen und machen zehn Kniebeugen. Dann schütteln Sie die Arme aus und gehen unter die Dusche.
- Danach nehmen Sie die Knoblauch-Kapseln für den Morgen ein.

Abend-Übungen zum Knoblauch-Programm

- Legen Sie sich mit gestreckten Beinen entspannt ins Bett. Atmen Sie dabei ruhig. Arme und Beine müssen ganz locker liegen. Jetzt heben Sie die gestreckten Beine senkrecht hoch und klappen die Unterschenkel locker herab, bis die Füße auf dem Bett stehen. Dann lassen Sie die Füße langsam vorgleiten und wiederholen die Übung mehrmals.
- Setzen Sie sich auf, umfassen Sie mit beiden Armen die Unterschenkel beider Beine. Das Kinn soll sich dabei ganz nahe an den Knien oder direkt zwischen den Knien befinden. Rollen Sie sich nun wie ein Wiegemesser vor und zurück. Rollen Sie sich zwischendurch auch von der rechten zur linken Seite.
- Setzen Sie sich mit gekreuzten Beinen hin. Der Oberkörper muß ganz aufrecht sein. Legen Sie die Hände an den Nacken und verbinden Sie Ihre Finger miteinander. Dann wippen Sie mit beiden Ellenbogen zugleich nach hinten. Dabei werden Schultermuskulatur und Wirbelsäule entspannt.
- Schließlich stellen Sie sich neben das Bett und wippen einige Minuten mit den Fußsohlen auf und ab, immer zuerst die Zehen, dann die Fersen.
- Dann nehmen Sie Ihre beiden Knoblauch-Kapseln für den Abend ein.

So ergänzen sich Gymnastik und der Knoblauch:

- Die Bewegung und der Knoblauch fördern die Durchblutung aller Gefäße.
- Beide Maßnahmen stärken Herz und Kreislauf.
- Beide bauen die körpereigenen Abwehrkräfte auf.
- Beide leiten eine Entkrampfung im Organismus ein.

Wie wichtig zum Knoblauch-Programm die Gymnastik ist, ergibt eine jüngste Untersuchung der Sporthochschule in Köln. Demnach ist es möglich, durch regelmäßige Gymnastik vom 20. bis zum 60. Lebensjahr den Organismus in fast gleichbleibender jugendlicher Kondition zu erhalten. Und ab dem 60. Lebensjahr wird der Alterungsprozeß durch regelmäßige Gymnastik um 30 Prozent verlangsamt. In diese Richtung zielt das Knoblauch-Programm. Damit wird die Bewegung zur sinnvollen Unterstützung des Knoblauchs.

Knoblauch und körperliche Arbeit

So wie die sportliche Bewegung, kann auch gewisse Freizeitarbeit die Wirkung des Knoblauchs unterstützen. Das beweisen viele rüstige alte Menschen, die mit Leidenschaft manuelle Arbeit verrichten und sich dabei sehr wohl fühlen. Vor allem die Arbeit im Freien hilft dem Organismus, jung zu bleiben. Vor allem Menschen, die in ihrem Beruf entweder hinter einem Schreibtisch sitzen oder an einer Maschine arbeiten und eintönige Handgriffe verrichten, sollten zum Ausgleich nicht nur faulenzen, sondern eine spannende Tätigkeit verrichten.

- Untersuchungen an der Wiener Universität haben ergeben, daß Besitzer von sogenannten Schrebergärten – Kleingärten am Rande der Stadt – mit dieser Gartenarbeit jünger bleiben.

- Untersuchungen in Italien und Frankreich haben ergeben, daß Großstadtbewohner, die oft Urlaub auf dem Bauernhof machen oder dort regelmäßig das Wochenende verbringen und gleichzeitig dort auch mitarbeiten, jugendlicher und vitaler durchs Leben gehen.

Daraus ergibt sich für unser Knoblauch-Programm folgende Erkenntnis: Wer mit Knoblauch jung bleiben und gesund sein möchte, der sollte zumindest ab und an in seine Freizeit körperliche Arbeiten einbauen. Als besonders ideale Ergänzung zur regelmäßigen Einnahme von Knoblauch gelten:

- Holzsägen
- Holzhacken
- Erde umgraben
- Unkraut jäten
- Gras schneiden
- Pflanzen gießen

Wichtig dabei ist, daß die Arbeiten ohne Zeitdruck mit entsprechenden Pausen durchgeführt werden und daß sie auch Freude bereiten. Diese Arbeiten dürfen selbstverständlich nur dann durchgeführt werden, wenn sie nicht vom Arzt ausdrücklich verboten worden sind.

Knoblauch und Schlaf

Die regenerierende Funktion des Schlafes ist ein wesentlicher Bestandteil meines Knoblauch-Programms fürs Jungbleiben. Schlaf ist nämlich – wie Knoblauch – ein besonders wirksames Mittel, um sich Jugendlichkeit und Lebenskraft recht lange zu erhalten. Ausreichender, tiefer und ungestörter Schlaf kann die Widerstandskraft des Organismus intensiv stärken. So manche Schlafstörung in unserer heutigen Zeit ist darauf zurückzuführen, daß gewisse notwendige Regeln des Schlafs vom Menschen nicht eingehalten werden. Da ergänzen sich wieder Knoblauch und Schlaf. Knoblauch verhilft zu gutem Schlaf. Und der Schlaf wiederum verstärkt die Wirkungen der Knoblauchsubstanzen im Körper. Mehr noch: Wer abends Knoblauch ißt oder seine Knoblauch-Kapseln nimmt, hat die Gewähr, daß die Wirkstoffe des Knoblauchs während der Ruhephase intensiver in den Organismus eindringen und sozusagen im Schlaf heilende und regenerierende Arbeit leisten.

Durch die Einwirkung von Knoblauch werden im Schlaf

- das Nervensystem besser aufgebaut,
- mehr Gifte und Schlackenstoffe abgebaut,
- intensivere Entspannung und Entkrampfung erfahren,
- die Durchblutung in der Ruhephase besser gesteuert.

Wer also sein Knoblauch-Programm konsequent durchzieht, wer das Jungbleiben auf diese Weise anpeilt und erlernt, der sollte für den unterstützenden, verjüngenden Schlaf ganz bestimmte Vorsorge treffen:

- Sie brauchen ein gesundes Bett mit entsprechend gesunder Matratzenunterlage. Diese darf nicht zu weich sein, muß sich aber trotzdem der Wirbelsäule anpassen.
- Eventuell sollten Sie statt eines Kopfkissens eine Nackenrolle nehmen.
- Das Zimmer, in dem Sie schlafen, sollte der ruhigste Raum der Wohnung sein. Die Fenster sollten schalldicht und mit Vorrichtungen zum Abdunkeln versehen sein.
- Im Schlafzimmer sollte kein Telefon stehen.
- Wenn Sie abends Ihren Knoblauch gegessen oder Ihre Knoblauch-Kapseln eingenommen haben, dann sollten

Sie nichts Aufregendes mehr lesen oder im Fernsehen konsumieren und sollten keinen Streit mehr haben.

- Nehmen Sie sich während des Knoblauch-Programms vor, dreimal die Woche zwischen 21 und 22 Uhr schlafen zu gehen, nicht später. Auch das ist fürs Jungbleiben wichtig.

Knoblauch und das Atmen

Die meisten von uns atmen falsch und oberflächlich. Wir haben uns durch unser Leben abgewöhnt, bewußt zu atmen. Wir nützen unsere Atemorgane gar nicht richtig aus. Wir haben verlernt, gezielt gute Luft in uns aufzusaugen und die schlechte Luft aus uns herauszupressen. Durch diese jahrelangen, schlechten Atemgewohnheiten versorgen wir unsere Organe und Zellen mit zu wenig Sauerstoff. Damit fördern wir selbst den frühzeitigen Alterungsprozeß.

Wer lange jung und gesund bleiben möchte, der muß intensiv und vorbildlich atmen. Und gerade im Rahmen des Knoblauch-Programms ist das richtige Atmen besonders wichtig. Denn sämtliche Wirkstoffe des Knoblauchs können intensiver und schneller wirken, wenn der gesamte Organismus mit ausreichend Sauerstoff versorgt ist. Das richtige Atmen ist daher eine unerläßliche Parallel-Aktion zum Knoblauch-Programm .

Sie sollten daher in Ihr Leben regelmäßige Atemübungen einbauen.

- Nützen Sie die Freizeit, um möglichst oft in die freie Natur hinauszugehen, wo Ihnen sauerstoffreiche Luft zur Verfügung steht.
- Stellen Sie sich hin, legen Sie die Hände in die Hüften und atmen Sie langsam aus und ein. Beim Ausatmen ziehen Sie den Bauch ein, damit die Luft aus den Lungen heraus-

gestoßen wird. Beim Einatmen strecken Sie den Bauch heraus, damit Sie Platz für die frische Luft schaffen.

- Nach so einem tiefen Einatmen halten Sie drei, vier Sekunden inne.
- Dann atmen Sie tief und gründlich aus, wobei Sie die Schultern vorneigen und den Bauch – wie oben bereits erwähnt – ganz fest einziehen.
- Diese Atemübung sollten Sie recht oft wiederholen.
- Wenn Sie im Freien unterwegs sind, sollten Sie beim Spazierengehen recht oft singen. Dabei wird der Organismus gezwungen, intensiver zu atmen.

Für Ihre Atemübungen beim Knoblauch-Programm müssen Sie unbedingt beachten:

- Eingeatmet wird grundsätzlich durch die Nase.
- Beim Ausatmen sollte man auch den Mund mitmachen lassen.
- Einmal am Tag sollte jeder von uns ein wenig außer Atem kommen. Dieses Atembedürfnis ist zugleich eine Übung und ein Training für unsere Lungen, wie es bei der regelmäßigen Aufnahme von Knoblauch wichtig ist. Es darf dabei allerdings zu keiner Überanstrengung kommen. Ein Vorschlag: Fahren Sie nicht gleich mit jedem Lift. Verzichten Sie einmal am Tag darauf und steigen Sie die Treppen hoch. Fahren Sie nicht jeden Meter mit dem Auto. Gehen Sie manche Strecken zu Fuß. Dann werden Sie zum intensiveren Atmen gezwungen. Und das brauchen Sie beim Knoblauch-Programm.

Denn es ist wichtig zu wissen: Je größer das Atemvolumen bei einer regelmäßigen Knoblauch-Aufnahme ist, desto besser ist die gesamte Sauerstoffversorgung im Körper. Und genügend Sauerstoff in den kleinsten Zellen und Gefäßen bedeutet Gesundheit. Wer während des Knoblauch-Programms richtig atmet, nimmt aus der Luft bis zu 20% Sauerstoff auf. Die Luft enthält 21%. Diese Superleistung sollte für jeden von uns ein Ziel sein.

Knoblauch und Sexualität

Schon in der Antike wurde Knoblauch – und da wieder besonders der lilafarbene Knoblauch – als Potenzmittel gehandelt. Und später galt er unter den Seeleuten im Mittelalter als das große Potenz-Geheimnis und Liebeselixier. Auch heute gibt es eine Reihe von Untersuchungen von Ernährungswissenschaftlern und Medizinern, die diese Behauptungen bestätigen. Der regelmäßige Konsum von Knoblauch oder von Knoblauch-Kapseln fördert die Liebesbereitschaft und die Potenz.

Die Römer hielten den Knoblauch für ein Aphrodisiakum. Sie aßen während ihrer Feste zu Ehren der Göttin Ceres beträchtliche Mengen Knoblauch, um seine fruchtbarkeitsfördernde Wirkung zu feiern. Darüber hinaus war in jedem Liebestrank Knoblauch.

Allerdings muß man, wenn man jung bleiben will, mit zunehmendem Alter auch die Einstellung zur Sexualität festigen. Viele glauben nämlich, daß Sexualität nichts mit der Vitalkraft, Lebenskraft und Jugendlichkeit bis ins hohe Alter zu tun hat. Es ist beispielsweise nicht gut, wenn Frauen und Männer der Meinung sind, Sex hätte ab einem gewissen Alter keine Bedeutung mehr. Wer so denkt, der darf sich auch nicht wundern, wenn die Potenz rasant abnimmt.

Das Zentrum für sexuelles Denken und Handeln sitzt im

Gehirn. Wie und was wir über Sex denken, ist für unser Handeln entscheidend und maßgebend. Und davon wird es im Grunde genommen auch mit abhängen, ob es klappt oder nicht, ob es Spaß macht oder nicht und ob es uns jung erhält. Mit dem Sex ist es wie mit vielen Dingen in unserem Leben: Er ist mit ein wesentlicher Faktor fürs Jungbleiben. Und damit ist es wieder einmal ganz wichtig, daß wir während eines Knoblauch-Programms auch dem Sex, wenn er uns Spaß macht, eine gewisse Rolle zuerkennen. Allein diese positive Einstellung wird dazu beitragen, daß der Knoblauch die Sexual-Fähigkeiten bestens aufbaut.

Der größte Feind der Potenz und der funktionierenden körperlichen Liebe ist heutzutage der Streß, der berufliche Leistungszwang, die Unfähigkeit, sich zu entspannen.

Sexualwissenschaftler behaupten, daß Sex selbst eine der hervorragendsten Entspannungsmethoden ist, bei der der Organismus gesundet. Darum sollten Sie bei Problemen in dieser Hinsicht versuchen, mit Knoblauch zum Erfolg zu kommen.

Eines allerdings muß uns dabei ganz klar sein: So eine lila Knoblauchzehe aus Spanien oder eine Knoblauch-Kapsel ist keine Liebes-Pille. Es ist nicht vorauszusetzen, daß man Knoblauch nimmt und schon alle Sexhürden überwunden hat. Knoblauch ist ein Langzeit-Stimulans. Man muß es so sehen: Ein Knoblauch-Programm zum Jungbleiben wird auch hier nach einiger Zeit zufriedenstellende Lösungen bringen.

In der Mancha ist es beispielsweise üblich, daß Männer drei Monate vor der Hochzeitsnacht konzentriert täglich vier Knollen vom lila Knoblauch verzehren. Vier Tage vor der Hochzeit wird aus Gründen des Geruches abgesetzt...

Knoblauch und ein neuer Lebensstil

Wenn Sie sich für ein Knoblauch-Programm entschlossen haben, brauchen Sie nicht nur gutes Durchhaltevermögen, sondern Sie brauchen auch innere Kraft, um sich gegenüber Ihren Mitmenschen durchzusetzen. Wer sich nämlich an sämtliche Grundsätze des Knoblauch-Programms hält, muß einiges in seinem Leben ändern. Und das bleibt den anderen nicht ganz verborgen. Das gilt vor allem für jene, die mehr denn je frischen Knoblauch verzehren. Beim Konsumieren der Knoblauch-Kapseln wird es nicht so demonstrativ sein. Dennoch: Die ersten Schritte zu einer allgemein gesünderen Ernährung, zu mehr Bewegung, zu Atemübungen, zu einer ganz bestimmten Knoblauch orientierten Diät – das alles wird vielleicht Anlaß zu Spötteleien geben.

Dazu ein paar Tips:

- Wenn Sie das Knoblauch-Programm durchziehen, bekennen Sie sich auch dazu.
- Versuchen Sie auch andere für das Knoblauch-Programm zu gewinnen. Sie werden nach einiger Zeit viele dankbare Freunde haben.
- Erzählen Sie vom Knoblauch-Programm, servieren Sie Kostproben vom lila Knoblauch und weihen Sie auch andere in die Geheimnisse der Knoblauch-Kapseln ein.
- Geben Sie die Argumente, die für den Knoblauch sprechen, weiter.

Knoblauch und andere Natur-Therapien

In diesem Buch wurde schon erwähnt: Es gibt während eines Knoblauch-Programms – ob mit frischen Knoblauchzehen oder mit Knoblauch-Kapseln – keine wie immer geartete Wechselwirkung mit anderen Medikamenten. Ebenso harmoniert das Knoblauch-Programm mit jeder anderen Natur-Therapie, die durchgeführt wird.

Man weiß, daß die Einnahme von Knoblauch und Knoblauch-Kapseln einige Naturheil-Methoden sogar in ihrer Wirkung verstärkt und beschleunigt:

- Es gibt Fallbeispiele für Akupunktur-Behandlungen und Akupressur-Selbstbehandlungen, die größeren Erfolg während einer Knoblauch-Kur erzielten.
- Lockerungsmassagen bringen in vielen Fällen mehr, wenn der Betreffende regelmäßig Knoblauch konsumiert.
- Die Ozon-Therapie – so äußern sich viele Experten – hat im Knoblauch eine ideale unterstützende Kraft zur besseren Durchblutung.
- Thymus-Behandlungen werden in vielen internationalen Sanatorien mit einer knoblauchintensiven Diät kombiniert.
- Kneippsche Wasseranwendungen können ganz hervorragend mit Knoblauch ergänzt werden. Hier wirkt der Knoblauch mit seinen Wirkstoffen als die ausgleichende innere Kraft zum äußeren Einfluß des kalten oder warmen Wassers.
- Die Homöopathie setzt ja bekanntlich selbst Knoblauch-Präparate ein, so daß eine zusätzliche Knoblauch-Diät nur von Nutzen sein kann.

Die sieben Gebote für das Knoblauch-Programm

Sie haben es sicher selbst festgestellt: Im Grunde genommen ist beim Knoblauch-Programm fürs Jungbleiben und Gesundbleiben alles so einfach und selbstverständlich. Wenn Sie also Ihre Lebenserwartung verlängern und das Jungbleiben zur Philosophie machen wollen, sollten Sie die wichtigsten Gebote für das Knoblauch-Programm beherzigen:

1. Lernen Sie den Knoblauch als wertvolles Lebenselixier lieben.

2. Freunden Sie sich mit dem besonders wertvollen lilafarbenen Knoblauch aus Spanien an.

3. Kombinieren Sie sinnvoll den frischen Knoblauch als Gaumenfreude mit den Knoblauch-Kapseln.

4. Ziehen Sie das Knoblauch-Programm ohne Unterbrechung durch.

5. Sie können den einen oder anderen Punkt im Knoblauch-Programm das eine oder andere Mal weglassen oder vergessen; die Hauptsache – den Knoblauch – müssen Sie regelmäßig und täglich nehmen.

6. Bereiten Sie sich deshalb schon am Vortag Ihre Knoblauch-Rationen vor, damit Sie diese auf keinen Fall vergessen.

7. Egal, ob Sie nun ein 14tägiges ›Schnupper‹-Programm durchziehen, ob Sie eine sechswöchige Knoblauch-Kur machen oder das Programm über lange Zeit durchführen: Beobachten Sie sich dabei ganz genau. Dann können Sie nämlich die Erfolge bewußt miterleben und werden meine Jugend-Formel verstehen.

Vorbeugend gegen allerlei Leiden:
täglich 1 rohe Zehe Knoblauch zusammen mit Petersilie auf einem Butterbrot.

IV

Das Knoblauch-Ernährungsprogramm

Grundsätzliches zu meiner Diät

In der ersten Woche liegt der Schwerpunkt auf einer ›Kartoffeldiät mit Knoblauch‹.

Kartoffeln enthalten kaum Salz, dafür um so mehr Mineralstoffe wie Kalium, Kalzium, Kupfer, Phosphor und Magnesium sowie reichlich Vitamin C und die Vitamine der B-Gruppe.

›Kartoffeltage‹ sorgen dafür, daß die Schlacken und Giftstoffe aus dem Körper ausgeschwemmt werden – vergleichbar mit dem Ausschwemmungsprozeß in der Sauna.

Dazu wird reichlich Mineralwasser getrunken – mindestens zwei Liter pro Tag –, das die Nierenfunktion anregt und unterstützt.

In der zweiten Woche stehen frische Gemüse und Salate auf dem Speisezettel, die reich sind an Ballast-und Faserstoffen. Es ist nachgewiesen, daß zahlreiche Zivilisationskrankheiten auf einem Mangel an pflanzlichen Faserstoffen in der Ernährung beruhen.

Außerdem sind Gemüse und Salate reich an Vitaminen, Mineralstoffen und Spurenelementen. Hinweisen möchte ich insbesondere auf das lebenswichtige Magnesium, das als Aktivator von Enzymen gilt und das in grünen Gemüsen enthalten ist.

Köhnlechners Knoblauch-Diät

– So lernen Sie das Jungbleiben mit köstlichem Essen –

Kartoffelgerichte mit Knoblauch

Bei dieser Diät sind während
oder nach den Mahlzeiten
jeweils täglich 2 Knoblauch-Kapseln
einzunehmen.
Insgesamt also täglich
6 Knoblauch-Kapseln.

Diese Gerichte sind jeweils für vier Personen berechnet.

Kartoffeln in Kapernsauce

8 Kartoffeln
4 Eier
1 Knoblauchzehe
50 g Kapern
50 g Butter
$^1/_4$ l würzige Brühe
1 EL Senf
1 TL Speisestärke
Senfpulver
Salz
Pfeffer aus der Mühle

Kartoffeln schälen, im ganzen in Salzwasser weich kochen. Eier wachsweich kochen. Warm stellen. Knoblauchzehe durchpressen, in die Brühe geben, den Senf hinzufügen, mit Senfpulver und Pfeffer abschmecken, salzen, dann im Mixer verrühren. Nach und nach kleine Butterstückchen und die Stärke untermischen. Die Sauce heiß machen, aber nicht kochen. Zuletzt die Kapern hineingeben und über die warmgestellten Kartoffeln und Eier geben.

Gefüllte Gemüse-Kartoffeln

pro Person 1 große oder 2 mittlere Kartoffeln
2 weiße Zwiebeln
4 Karotten
2 Knoblauchzehen
1 Stange Lauch
250 g Champignons
Petersilie
Basilikum
Salz
Öl
geriebener Käse
etwas Curry
2 Becher Magermilchjoghurt

Kartoffeln waschen und abbürsten. Einen Deckel abschneiden und innen vorsichtig aushöhlen. Das Gemüse kleinschneiden, die Knoblauchzehen auspressen, Champignons in feine Scheiben schneiden. Alles in heißem Öl andünsten, bis das Gemüse weich ist. Dann mit Salz und den Kräutern abschmecken, den Käse daruntermischen und die Masse in die Kartoffeln füllen.

Die Kartoffeln auf ein geöltes Backblech setzen und ca. 1 Stunde bei mittlerer Hitze backen.

Dem Joghurt etwas Curry beigeben, schaumig rühren und über die fertigen Kartoffeln geben.

Kümmelkartoffeln mit Quark

8 Kartoffeln
500 g Magerquark
2 Knoblauchzehen
1/2 Salatgurke
Kümmel
Dill
Schnittlauch
Salz
Pfeffer
Zitronensaft
etwas Margarine zum Ausbacken

Pellkartoffeln weich kochen, schälen, in zwei Hälften teilen, in einer Pfanne goldgelb ausbacken, reichlich mit Kümmel bestreuen.

Die Salatgurke dünnhobeln, etwas stehen lassen, bis der Saft austritt. Abtropfen lassen. Dill und die ausgepreßten Knoblauchzehen dazugeben.

Die Gurkenmasse unter den schaumig gerührten Quark geben, mit Schnittlauch, Salz, Pfeffer und etwas Zitronensaft abschmecken.

Mit den heißen Kartoffeln servieren und nochmals Schnittlauch darüberstreuen.

Meraner Kartoffel-Gröstl

8 Kartoffeln
2 Knoblauchzehen
2 Zwiebeln
250 g Pilze
Salz
Kümmel
Petersilie
etwas Butter

Kartoffeln schälen, weich kochen, dann in Scheiben schneiden.

Zwiebeln und Knoblauch feinhacken, unter die gewaschenen und geschnittenen Pilze geben, alles in einer beschichteten Pfanne andünsten.

Die Kartoffelscheiben salzen, mit Kümmel bestreuen, in wenig Butter kroß anrösten. Dann die Pilz-Zwiebel-Mischung daruntergeben, mit Petersilie bestreuen, abschmecken.

Gratinierte Käse-Kartoffeln mit grünem Salat

8 Kartoffeln
2 Knoblauchzehen
125 g geriebener Käse
etwas Butter
Milch (ca. 1/4 l)
Muskat
Salz
Pfeffer
1 Kopfsalat
Schnittlauch
Essig
Öl

Kartoffeln schälen, in dünne Scheiben schneiden. Eine feuerfeste Form oder Reine mit etwas Butter einpinseln und mit einer Knoblauchzehe ausstreichen. Die andere Knoblauchzehe kleinhacken, unter den geriebenen Käse mischen.

Mehrere Lagen Kartoffelscheiben einschichten und jede mit Käse und Muskat bestreuen. Bis zur obersten Schicht mit Milch auffüllen, salzen und pfeffern. Bei mittlerer Hitze goldgelb überbacken.

Erst kurz vor dem Anrichten den Kopfsalat in die Salatsauce geben, mischen und reichlich mit Schnittlauch bestreuen.

Kartoffelpuffer mit Kräuterquark

Kartoffeln oder fertige Kartoffelmasse
2 Eier
1 Knoblauchzehe
1 Schälchen Kresse
Schnittlauch
500 g Magerquark
Salz
Majoran
Öl zum Ausbacken

Kartoffeln schälen, grob reiben. Durch ein Tuch auspressen. In einer Schüssel die Eier verquirlen, die gepreßte Knoblauchzehe und die Kartoffelmasse dazugeben. Mit Salz und Majoran würzig abschmecken.

In heißem Öl flache Törtchen ausbacken. Quark schaumig rühren, die feingeschnittene Kresse und den Schnittlauch untermischen. Zu den Kartoffelpuffern servieren.

Kartoffelnudeln mit Grilltomaten und Spinat

8 Kartoffeln
1 Knoblauchzehe
2 Eigelb
4 Tomaten
250 g Spinat (tiefgekühlt)
etwas Kartoffelstärke
Salz
Muskat
Pfeffer

Die Kartoffeln schälen und weich kochen, durch ein Sieb streichen. Dann mit der Kartoffelstärke, den Eigelb, der durchgepreßten Knoblauchzehe und den Gewürzen gut durchkneten. Aus dieser Masse dann fingerdicke Nudeln formen und in einer beschichteten Pfanne mit wenig Öl ausbacken.

Tiefgekühlten Spinat nach Vorschrift auftauen, mit Salz und Muskat würzen. Heiß stellen.

Tomaten oben einkreuzen, würzen, mit Pfeffer aus der Mühle bestreuen und ca. 10 Minuten im Grill oder Ofen überbacken.

Die Kartoffelnudeln um den Spinat kreisförmig anrichten, die Grilltomaten in die Mitte setzen.

Kartoffeln mit Rührei und Gurkensalat

8 Kartoffeln
1 Knoblauchzehe
1 Zwiebel
4 Eier
4 EL Milch
etwas Butter
1 Salatgurke
Zitronensaft
Essig
Öl
Dill
Salz

Kartoffeln schälen, in Salzwasser kochen. Kleingehackten Knoblauch in einer mit Öl bepinselten Pfanne andünsten, die in Stücke geschnittenen Kartoffeln dazugeben.

Zwiebel in feine Ringe schneiden, separat andünsten, bis sie glasig sind. Dann unter die Kartoffeln mischen. Abschmecken.

Die Eier mit der Milch verquirlen. Unter ständigem vorsichtigen Rühren zu lockerem Rührei ausbacken.

Gurke schälen, in dicke Scheiben schneiden, mit der Salatsauce übergießen und mit Dill bestreuen.

Wenn Knoblauch angedünstet wird, soll man ihn immer in heißes Fett geben, damit sich seine wertvollen Öle nicht verflüchtigen.
Brät man ihn zu lange bei scharfer Hitze, wird er leicht bitter.

Paprika-Kartoffel-Gulasch

4 Kartoffeln
4 Paprikaschoten
2 Knoblauchzehen
2 Zwiebeln
2 EL Tomatenmark
$^{1}/_{4}$ l Brühe
Paprikapulver, edelsüß
Petersilie
Majoran
Salz
Pfeffer
Spritzer Weinessig
etwas flüssigen Süßstoff

Zwiebeln in dünne Ringe schneiden, Knoblauch feinhacken, in Öl andünsten, dann das Tomatenmark einrühren und mit etwas Brühe aufgießen. Die geschälten und in kleine Würfel geschnittenen Kartoffeln dazugeben und weich dünsten.

Die Paprikaschoten vierteln, entkernen, in Streifen schneiden, kurz in kochendem Wasser (mit etwas Süßstoff) blanchieren. Herausnehmen, abtropfen lassen und zu der Kartoffelpfanne geben. Pikant mit Salz, einem Spritzer Weinessig, Majoran und Paprikapulver abschmecken. Zuletzt reichlich zerkleinerte Petersilie untermischen und mit Pfeffer aus der Mühle abschmecken.

Sauerkraut-Kartoffelgemüse

8 Kartoffeln
500 g Sauerkraut
3 Zwiebeln
2 Knoblauchzehen
Kümmel
ca. $^1/_4$ l (oder mehr) Brühe
$^1/_8$ l Weißwein
2 Lorbeerblätter
Wacholderbeeren
Pfefferkörner

In Scheiben geschnittene Zwiebeln und kleingehackten Knoblauch in Öl andünsten, das Sauerkraut mit den Lorbeerblättern und Gewürzen dazugeben, mit Brühe und Weißwein aufgießen. Bei niedriger Hitze durchkochen lassen. Lorbeerblätter, evtl. auch Wacholderbeeren entfernen, abschmecken.

Bevor das Sauerkraut gar ist, die klein gewürfelten Kartoffeln dazugeben, mischen und fertigkochen. Nochmals abschmecken. Heiß servieren.

Kartoffel-Omelette mit Pfifferlingen

4 Kartoffeln
4 Eier
2 Knoblauchzehen
1 Zwiebel
300 g Pfifferlinge
4 EL Milch
Petersilie
Salz
Pfeffer
Muskat

Kartoffeln weich kochen, warm stellen.

Zwiebel und Knoblauch fein hacken, in Öl andünsten (nicht braun werden lassen!) und die gesäuberten Pilze dazugeben. Salzen, pfeffern, weich dünsten, dann zerkleinerte Petersilie dazugeben. Mit Muskat abschmecken. Dann die Eier mit Milch verquirlen, die gewürfelten Kartoffeln dazugeben, in heißem Öl vier Omeletten herausbacken und auf die einzelnen Teller geben, dann die Pfifferlinge daraufhäufeln. Noch etwas Petersilie darüberstreuen.

Kartoffelsalat mit Spiegelei

1 Pfund Kartoffeln
½ Salatgurke
1 Knoblauchzehe
3–4 Frühlingszwiebeln
1 gelbe Paprikaschote
einige Radieschen
4 Eier
Essig
Öl
Salz
Pfeffer

Kartoffeln weich kochen und schälen, in Scheiben schneiden. Salatgurke und Paprika in feine Streifen schneiden, Knoblauchzehe kleinhacken, die Frühlingszwiebeln in feine Ringe, die Radieschen in Scheiben schneiden.

Alles mit der Salatsauce gut durchmischen, mindestens ½ Stunde durchziehen lassen. Abschmecken und mit Pfeffer aus der Mühle bestreuen.

Vier Spiegeleier ausbacken, dann mit dem Salat servieren.

Kartoffelscheiben in Roquefortcreme

8 Kartoffeln
2 Knoblauchzehen
4 Tomaten
250 g Roquefortkäse
Basilikum
Thymian
Salz
Öl
Milch

Kartoffeln garen und in Scheiben schneiden. Tomaten klein würfeln und den durchgepreßten Knoblauch darauf verteilen.

Den Roquefortkäse mit etwas Milch schaumig rühren.

Kartoffelscheiben und Tomatenwürfel bunt gemischt in eine eingefettete feuerfeste Form schichten, mit Basilikum und Thymian bestreuen, salzen. Über das Ganze die Roquefortcreme geben und bei niedriger Temperatur überbacken.

Köhnlechners Knoblauch-Programm für Genießer

– Die besten Knoblauch-Rezepte von gestern und heute –

Gesunde Hausmannskost
Die besten Knoblauch-Rezepte von Mutter Köhnlechner

Altdeutsches Zwiebelgemüse aus Franken

3 Gemüsezwiebeln
2 Knoblauchzehen
250 g Hackfleisch
1 Bund Petersilie, Thymian
250 g grüne Bohnen
4 Kartoffeln
Salz
Pfeffer
Öl

Geschälte Zwiebeln in dicke Scheiben schneiden, Knoblauchzehen kleinhacken, beides zusammen mit einer Prise Zucker in Öl glasig dünsten.

Grüne Bohnen in der Mitte durchschneiden, ca. 20 Minuten weich kochen. Die Kartoffeln grob würfeln, ebenfalls dünsten und dann mit den Bohnen unter das Zwiebelgemüse mischen.

Hackfleisch gesondert braten, salzen, pfeffern und dann unter das Gemüse mischen. Heiß zu Schwarzbrot servieren.

Überbackener Rosenkohl

1000 g Rosenkohl
1 Ei
2 Knoblauchzehen
Semmelbrösel
100 g geriebener Käse
Öl
Salz
Pfeffer

Den geputzten Rosenkohl in Salzwasser kochen, abtropfen lassen, dann im gequirlten Ei wenden.

Öl in der Pfanne oder in feuerfester Form heiß werden lassen, die Röschen einschichten. Gepreßten Knoblauch mit Semmelbrösel und dem Käse mischen und darüberstreuen. In ca. 30 Minuten bei mittlerer Hitze überbacken.

Bei uns zu Hause gab es dieses Gemüse zu Schweine- oder Schmorbraten.

Um die Verdauung weniger zu belasten, halbiert man die Knoblauchzehen der Länge nach und löst den inneren grünen Keimansatz heraus.

Gedämpfter Blumenkohl mit Knoblauchcreme

1 Kopf Blumenkohl
2–3 EL Semmelbrösel
etwas Butter
Salz
Wasser
1 Tasse Milch

Für die Creme
4 Knoblauchzehen
1/8 l Milch
2 EL Weinessig
1 Eigelb
1/8 l Öl
Thymian
Pfeffer
Salz

Blumenkohl putzen und 15 Minuten mit dem Strunk nach oben in Salzwasser legen, um Ungeziefer zu entfernen Dann in siedend heißes Wasser geben, die Milch dazugießen und bei kleiner Hitze langsam dünsten. Brühe abgießen.

Knoblauchzehen schälen, zerkleinern, in der Milch 5 Minuten kochen. Abgießen. Mit Essig, dem Eigelb und den Gewürzen pürieren. Unter ständigem Rühren mit dem Schneebesen (oder Pürierstab) knapp 1/8 l Öl zugießen, bis die Sauce sämig wird.

Über den Blumenkohl gießen.

Die Semmelbrösel in Butter bräunen und beim Servieren über den Blumenkohl geben.

Fleischpfanne mit Paprika

300 g mageres Fleisch
3 Knoblauchzehen
1 rote und 1 grüne Paprika
1 Zwiebel
Rosmarin
Thymian
Petersilie
Pfeffer aus der Mühle
Salz
Öl
Prise Zucker

Das Fleisch ›schnetzeln‹, die Knoblauchzehen durchpressen und mit dem Fleisch vermischen. Würzen und etwas durchziehen lassen. Inzwischen die Paprika halbieren, von Stiel und Kernen befreien, dann kurz in heißem Wasser mit einer Prise Zucker blanchieren, abtropfen lassen und in dünne Streifen schneiden.

Das Fleisch in heißem Öl anbraten, die Paprika dazugeben und bei mittlerer Hitze langsam garen.

Abschmecken, zuletzt Petersilie untermischen.

Dazu gab's bei uns zu Hause Salzkartoffeln.

Pikantes Knoblauchbrot

4 dünne Scheiben dunkles Brot
etwas Öl zum Ausbacken
2 Knoblauchzehen
4 Scheiben gekochter Schinken
100 g Champignons
4 kleine feste Tomaten
1 TL süßsaurer Senf
1 TL Remouladensauce
8 Käsescheibletten
Petersilie
Pfeffer

Schinken würfeln, Champignons kleinschneiden, Tomaten würfeln, alles in Öl andünsten. Senf mit Remouladensauce verrühren und die Mischung auf die etwas abgekühlte Schinkenmasse geben. Mit Pfeffer abschmecken.

Jede Brotscheibe mit zerdrücktem Knoblauch bestreichen und in wenig Öl von beiden Seiten kroß anbraten. Dann die vorbereitete Mischung auf die Brotscheiben verteilen, mit Käsescheiben bedecken (leicht andrücken!) und unterm Grill überbacken, bis die Scheiben geschmolzen sind. Mit Petersilie bestreut servieren.

Gebackene Makkaroni in Tomaten-Knoblauch-Sauce

500 g Makkaroni
50 g Semmelbrösel
Öl
geriebener Käse
etwas Butter

Für die Sauce
1 Zwiebel
3 Knoblauchzehen
1 kg Tomaten
Basilikum
Öl

Nudeln in kochendem Salzwasser mit 1 EL Öl (damit sie nicht zusammenkleben) ›bißfest‹ kochen. Abseihen. Warm stellen. Kleingeschnittene Zwiebel und Knoblauch in heißem Öl glasig anbraten.

Tomaten einschneiden, in wenig Wasser und etwas Öl breiig einkochen, dann die Zwiebeln und den Knoblauch dazugeben. Durchpassieren. Mit reichlich Basilikum abschmecken, salzen, pfeffern.

Eine große Reine oder einen Bräter mit Öl einstreichen, den Boden mit Tomatensauce bedecken. Darauf eine Lage Makkaroni mit geriebenem Käse schichten – die Schichten zweimal wiederholen. Darüber Semmelbrösel streuen und einige Butterflöckchen aufsetzen. Ca. $^1/_2$ Stunde backen, bis die Oberfläche leicht bräunt und die Sauce brodelt.

Mein Vater war ein ›Nudel-Fan‹ – dem wurde mindestens zweimal in der Woche Rechnung getragen.

Knoblauch-Pilz-Sauce

250 g gemischte Pilze
125 ml Weißwein, mit Essig gemischt
1 hartgekochtes Ei
Öl
1 EL Petersilie
1 TL frischer Estragon
etwas Muskat
1 TL Meerrettichsenf
2 Knoblauchzehen
Prise Zucker
Salz
weißer Pfeffer aus der Mühle

Ausgepreßte Knoblauchzehen mit den feingeschnittenen Pilzen in heißem Öl andünsten. Würzen, die Weißwein-Essigmischung dazugeben und durch- und einkochen lassen (reduzieren).

Vom Herd nehmen, die restlichen Zutaten hineingeben. Durchziehen lassen. Mit kleingehacktem Ei überstreuen.

Meine Mutter servierte diese dicke Sauce mal warm, mal kalt zu gekochtem Fleisch oder gekochtem Fisch.

Fränkischer Rinderbraten, kalt

1 kg Rinderbraten
4 Knoblauchzehen
einige Scheiben Speck
Majoran, Pfeffer, Salz
1 Zwiebel, 2 Lorbeerblätter
etwas Rotwein und Wasser zum Aufgießen

Für die Sauce
2 Zwiebeln
2 Knoblauchzehen
1 Pfefferschote
1 Bund Petersilie/Basilikum, 1 TL Kapern
7–8 EL Öl
1 EL Zitronensaft, 1 EL Essig, Prise Zucker

Fleisch mit den durchgepreßten Knoblauchzehen einreiben, salzen, pfeffern, mit Majoran bestreuen, dann mit Speckscheiben umwickeln, festbinden. In Öl von allen Seiten anbraten, Zwiebeln, Wacholderbeeren und Lorbeerblätter dazugeben. Mit Rotwein und Wasser aufgießen. Garen lassen, bis der Braten weich ist, Speck entfernen. Nach dem Kaltwerden in Scheiben schneiden.

Für die Sauce Zwiebeln, Knoblauch, Pfefferschote und Kräuter kleinhacken, übrige Zutaten dazugeben, im Mixer sämig pürieren. Abschmecken.

Bratenscheiben auf eine Platte legen, eine Lage Sauce darübergeben, wieder eine Lage Fleisch, darauf zuletzt die Sauce. Zugedeckt kalt stellen.

Nach 2–3 Tagen brachte meine Mutter dieses Gericht auf den Tisch; es schmeckte vorzüglich.

Pikante Rübensuppe

250 g rote Bete
250 g Teltower Rüben
2 Zwiebeln
2 Knoblauchzehen
Öl
ca. 1 l Wasser (oder Fleischbrühe)
1 EL Essig
Salz
Pfeffer
Prise Zucker
Kümmel
Muskat
$^{1}/_{8}$ l Sahne
Kerbel

Zwiebeln kleinhacken, rote Bete und Rüben schälen, in Würfel schneiden, alles in Öl andünsten. Dann mit Brühe auffüllen, Gewürze und durchgepreßten Knoblauch dazugeben, weich kochen lassen.

Pürieren und mit Essig, Salz, Pfeffer, Kümmel, Muskat und Zucker abschmecken.

Sahne steif schlagen, unterheben.

In Suppentassen füllen, einen Klacks Sahne draufgeben, mit Kerbel bestreuen.

Dazu gab's bei uns geröstetes Weißbrot oder dunkles Knoblauchbrot.

Omelette mit Quarkfüllung

225 g Mehl
knapp ½ l Milch
4 Eier
2 Knoblauchzehen
Öl zum Ausbacken
250 g Quark
Basilikum
Schnittlauch
1 Zwiebel
Salz

Aus den Zutaten vier Omeletten backen.

Für die Füllung Zwiebel feinhacken, Knoblauchzehen auspressen, die Kräuter kleinschneiden und alles mit dem Quark schaumig rühren.

Mit Salz abschmecken.

Füllung auf die vorbereiteten Omeletten geben, einmal überschlagen.

Das war meistens unser Freitagessen.

Hausgemachter Fleischsalat

500 g Rindfleisch
2 Knoblauchzehen
1 Bund Suppengrün
2 rote Zwiebeln
Petersilie
2 Äpfel
2 süßsaure Gurken
1 EL Meerrettich
2 EL Essig
2 l Fleischbrühe
Wacholderbeeren
Lorbeerblatt
Salz
Pfeffer
Öl

Fleisch in 2 l Wasser mit Suppengrün, den Wacholderbeeren und Lorbeerblatt weich kochen lassen. Herausnehmen, auskühlen lassen. Dann in schmale Streifen schneiden, die geschälten Äpfel würfeln, Gurken und Zwiebeln in feine Ringe schneiden, die Knoblauchzehen feinhacken.

Aus dem Meerrettich, einigen Löffeln Brühe, dem Essig und Öl eine Marinade rühren und übers Fleisch geben.

Abschmecken und ein wenig Petersilie untermischen.

Mein Lieblings-Pichelsteiner

2 Gemüsezwiebeln
3 Kartoffeln
300 g gemischtes Fleisch
250 g Tomaten
2 grüne Paprika
3 Knoblauchzehen
3–4 Karotten
125 g grüne Bohnen
Majoran
etwas Kümmel
Salz
Pfeffer
Öl

Fleisch würfeln und getrennt vom Gemüse in heißem Öl anbraten. Zwiebeln halbieren, in Ringe, Paprika und Karotten in Streifen schneiden, Bohnen kleinschneiden, Kartoffeln und Tomaten würfeln, den Knoblauch kleinhacken. Alles in wenig Wasser kurz dünsten, dann zum Fleisch geben. Köcheln lassen.

Wenn die Tomaten zerkocht sind, abschmecken.

Ich mochte den Pichelsteiner besonders gern, wenn er ›musig‹ war.

Mutters Kartoffelsuppe

500 g mehlig kochende Kartoffeln
1 Bund Suppengrün
2 Stangen Lauch
2 Knoblauchzehen
2 EL frische Petersilie, Majoran
1 l Fleischbrühe
$^{1}/_{4}$ l Milch
5 EL Sahne
Butter
Salz
Pfeffer
2–3 Scheiben Toastbrot
einige Scheiben mageren Schinkenspeck

Lauch und Suppengrün in kleine Stücke schneiden, in Butter weichdünsten. Kartoffeln würfeln, zum Lauch geben und die Brühe angießen. Kleingehackten Knoblauch und Majoran beigeben. Bei mittlerer Hitze köcheln lassen, dann durchpassieren. Mit Milch nach Wunsch verdünnen und die Sahne unterrühren. Abschmecken mit Majoran, Salz und Pfeffer (aus der Mühle).

Das Toastbrot würfeln, in Butter rösten, den Schinkenspeck in trockener Pfanne beidseitig anbraten und in kleine Streifen schneiden. Die Suppe mit den Weißbrotwürfeln und Schinkenspeckstreifen und Petersilie bestreuen. Heiß servieren.

Gebackene Makrelen

4 kleine Makrelen
Saft 1 Zitrone
Petersilie
3 Knoblauchzehen
einige Senfkörner
Salz
Pfeffer
Öl
etwas Mehl

Makrelen säubern, mit Zitronensaft säuern und salzen. Etwas durchziehen lassen. Trockentupfen. Gut bemehlen. In die Makrelen den durchgepreßten Knoblauch streichen, Senfkörner und Petersilienzweige mit hineingeben. Zuklappen und in heißem Öl auf beiden Seiten anbräunen. Dann noch bei kleiner Hitze durchgaren lassen.

Dazu gab es bei uns einen saftigen Kartoffelsalat mit kleinen gerösteten Speckwürfeln.

Die besten spanischen Knoblauch-Rezepte

Manfred Köhnlechner hat von seinen vielen Spanien-Aufenthalten einige Rezepte landesüblicher Gerichte mitgebracht – die sich auch in unseren Breiten gut nachkochen lassen.

Knoblauchsuppe mit Ei

4 Knoblauchzehen
4 Toastbrotscheiben
4 Eier
Öl zum Ausbacken
etwas Petersilie
Salz
Pfeffer
1 l Fleischbrühe

Eier verquirlen, in die kochende Brühe langsam einlaufen lassen. Einmal aufkochen.

Inzwischen Toastbrote in Würfel schneiden und in heißem Öl mit dem kleingehackten Knoblauch anrösten. Kurz vor dem Servieren in die heiße Suppe geben, abschmecken, mit Petersilie überstreuen.

Katalanischer Lammtopf

4 Lammkoteletts
500 g Kartoffeln
3 weiße Zwiebeln
4 Knoblauchzehen
4–5 Karotten
Rosmarin
Basilikum
Pfeffer
Salz
einige entsteinte Oliven
Fleischbrühe
Öl

Kartoffeln schälen, in dünne Scheiben schneiden, Gemüse kleinschneiden, Knoblauchzehen auspressen.

Lammkoteletts kurz von beiden Seiten anbraten. Den Boden einer feuerfesten Form mit Öl bepinseln und mit der Hälfte der Kartoffelscheiben auslegen. Dann die Koteletts mit dem Knoblauch und den Kräutern bestreichen und auf die Kartoffeln legen. Das Gemüse locker darüberschichten, pfeffern und mit etwas Fleischbrühe aufgießen. Restliche Kartoffelscheiben darüberschichten und mit Öl beträufeln. Die Form mit einem Deckel schließen. Im vorgeheizten Herd bei ca. 180 Grad eine gute Stunde garen. Dann ohne Deckel noch überbräunen.

Spanische Eier in Muschelschalen

4 Eier
2 grüne Paprika
1 Prise Zucker
2 Knoblauchzehen
frisches Basilikum
1–2 EL Parmesan
Öl
Salz
Pfeffer

Paprikaschoten vierteln, Kerne entfernen, in heißem Wasser – mit einer Prise Zucker, um die Bitterstoffe zu neutralisieren – blanchieren, abtropfen lassen.

In heißem Öl die Paprika mit den kleingehackten Knoblauchzehen anbraten, salzen und pfeffern, dann in 4 Muschelschalen verteilen.

Darüber je 1 Ei schlagen; die Dotter sollen ganz bleiben. Ein paar Tropfen Öl darübergeben, mit dem Käse bestreuen und in der Röhre oder unterm Grill backen, bis der Käse goldgelb wird.

Mit frischen Basilikumblättchen bestreut servieren.

Tortilla mit Thunfisch

4 Eier
4 EL Wasser
1 Zwiebel
2 Kartoffeln
200 g Thunfisch (aus der Dose)
2 Teelöffel Kapern
1 Knoblauchzehe
Öl

Eier mit Wasser verquirlen.

Zwiebel in Ringe schneiden, Thunfisch in Teile zerpflücken; die Kartoffeln würfeln und kurz in heißem Salzwasser blanchieren. Dann mit den Zwiebelringen, dem Thunfisch und den Kapern unter die Eimasse mischen, ausbacken.

Knoblauchzehe feinhacken, in heißem Öl anbraten und über die fertige Tortilla geben.

Andalusischer Feuertopf

250 g Rindfleisch
250 g Kalb- oder Schweinefleisch
1 Schinkenknochen
3 Tomaten
3–4 Kartoffeln
2 Gemüsezwiebeln
2 Zucchini
200 g Kichererbsen (Dose)
4 Knoblauchzehen
ca. 1/2 l Wasser
Paprikapulver
Cayennepfeffer
Rosmarin
Salz
Pfeffer
Öl

Fleisch in Würfel schneiden und in Öl anbraten, die kleingehackten Zwiebeln dazugeben und mitbraten. Mit Wasser aufgießen, den Schinkenknochen und das würfelig geschnittene Gemüse dazugeben. Die Knoblauchzehen kurz in heißem Öl wenden, in Scheibchen schneiden und untermischen. Durchgaren. In den letzten 10 Minuten die Kichererbsen dazugeben. Scharf abschmecken. Mit Rosmarin und Cayennepfeffer nicht sparen!

Eier Tamarindos

4 Eier
250 g Spinat
2 Zwiebeln
1 Knoblauchzehe
$^1/_4$ Tasse Sahne oder $^1/_2$ Tasse Milch
1 gehäufter TL Mehl
Muskat
Pfeffer,
Salz
Öl

Spinat waschen, kurz in heißem Wasser blanchieren, dann in eine eingefettete feuerfeste Form schichten, mit Muskat bestreuen, salzen.

Eier nicht ganz hart kochen.

Zwiebeln mit dem zerdrückten Knoblauch in heißem Öl andünsten, die Masse auf den Spinat geben. Darauf die Eihälften setzen. Sahne mit etwas Mehl anrühren und dünn über Eier und Spinatmasse gießen. Im Rohr oder Grill stocken lassen, Pfeffer aus der Mühle darübergeben und das Gericht heiß servieren.

Seeteufel aus der Biskaya

750 g Seeteufelfilet
1 Gemüsezwiebel
1 Fenchelknolle
1–2 Stiele Stangensellerie
entsteinte Oliven nach Geschmack
2 Knoblauchzehen
6 junge Karotten
Öl
Wasser
Weißwein
Salz
Pfeffer
etwas Zitronensaft

Fischfilets säubern, mit Zitronensaft säuern, salzen, dann würfeln und in heißem Öl anbraten.

Stangensellerie, Fenchel und Karotten blanchieren, abtropfen lassen und in eine gefettete feuerfeste Form schichten. Gepreßten Knoblauch darüberstreichen und mit Weißwein aufgießen. Dann die Fischstücke dazugeben und zugedeckt im Ofen dünsten lassen. Zuletzt die Oliven darübergeben, fertiggaren.

Abschmecken. Heiß servieren.

Omelette à la Flamenco

100 g Spargel
100 g Erbsen (frisch oder aus der Dose)
100 g grüne Bohnen
3 Kartoffeln
1 rote Paprikaschote
100 g gewürfelten Schinken oder kaltes Fleisch
4 Eier
2 Knoblauchzehen
Salz
Pfeffer
Öl

Gemüse zerkleinern und in Salzwasser dünsten. Kartoffeln in Scheiben schneiden und ebenfalls garen. Alles abseihen und mit Schinken/Fleisch mischen.

Die Eier verquirlen, die Knoblauchzehen feinhacken und unter die Eimasse heben.

In heißem Öl aus der Eimasse vier Omeletten backen, die Gemüse-Schinkenmasse darauf verteilen, zusammenklappen und servieren.

Gemischter Salat ›Costa del Sol‹

4 Salatkartoffeln
1 grüne Paprikaschote
1 rote Paprikaschote
4 Tomaten
10–12 gefüllte Oliven
2 TL Kapern
1 Zwiebel
2 Knoblauchzehen
3 EL gekochter Reis
Essig
Öl
etwas Senf
Basilikum
1 Glas Weißwein

Kartoffeln würfeln, in Salzwasser garen, abseihen und 1 Stunde im Wein ziehen lassen. Paprikaschoten blanchieren, dann in dünne Streifen schneiden. Tomaten in kleine Stücke schneiden. Dann mit den gekochten Kartoffeln, den Kapern, den zerdrückten Knoblauchzehen und der klein geschnittenen Zwiebel vermischen. Aus Essig, Öl und Senf eine Marinade bereiten, darübergeben. Zuletzt den Reis und die halbierten Oliven unterheben. Basilikumblättchen dazugeben. Gut durchziehen lassen. Kalt servieren.

Tomatensalat aus Ibiza

500 g Tomaten
125 g Erbsen (tiefgefroren)
100 g dicke weiße Bohnenkerne (Dose)
2 Zwiebeln
3 Knoblauchzehen
1 Bund Petersilie
Essig
Öl
Origano
Pfeffer
Salz

Tomaten in dünne Scheiben schneiden, salzen, pfeffern, mit Origano bestreuen. Erbsen und weiße Bohnen kurz andünsten, abkühlen lassen.

Den kleingeschnittenen Knoblauch in heißem Öl bräunen, aus dem Öl herausnehmen, Öl abkühlen lassen, dann mit dem Essig über die Tomaten geben. Zwiebeln kleinraspeln und mit der Petersilie über die Tomaten streuen. Salzen und mit reichlich schwarzem Pfeffer aus der Mühle bestreuen. Gut durchziehen lassen.

Hühnerbrüstchen ›Sevilla‹

4 kleine Hühnerbrüstchen
ca. $^1/_4$ l Hühnerbrühe
(aus dem Glas oder selbst hergestellt)
Öl zum Anbraten
4 Knoblauchzehen
Thymian
Rosmarin
Salz
Zitronenpfeffer

Hühnerbrüstchen waschen, abtrocknen, halbieren und mit dem durchgepreßten Knoblauch gut einreiben.

Öl heiß werden lassen und die Geflügelteile von allen Seiten darin anbraten, bis sie Farbe bekommen. Dann mit Thymian, Rosmarin, Zitronenpfeffer und etwas Salz würzen, die Hühnerbrühe angießen und alles zugedeckt ca. 20 Minuten weich schmoren.

Dazu passen Broccoli oder blanchierte geröstete Paprikascheiben.

Gazpacho Granada

2 Paprikaschoten
3 Fleischtomaten
1 Essiggurke
3 Knoblauchzehen
1/4 Tasse Öl
Salz
Cayennepfeffer
Essig
Weißbrotwürfel, geröstet
klein gehackte Zwiebel
klein gewürfelte 1/4 Gurke

Alle Zutaten im Mixer zerkleinern und durch ein Sieb streichen. (Die Gazpacho muß sämig sein.) Einige Stunden in den Kühlschrank stellen. In Suppentassen kalt servieren.

Die gerösteten Weißbrotwürfel, Zwiebeln und Gurkenstückchen extra dazu reichen.

Reistopf ›Malaga‹

250 g Naturkornreis
150 g Maiskörner (Dose)
2 große weiße Zwiebeln
2 Knoblauchzehen
3 Tomaten
$^3/_4$ l Wasser
Öl
Chilipulver
Majoran
Pfeffer aus der Mühle
flüssige Würze nach Geschmack

Zwiebeln kleinschneiden, Tomaten in kochendes Wasser tauchen, häuten und würfelig schneiden, Maiskörner und Reis kurz in Öl andünsten, mit Wasser angießen und garen. Gewürze, Tomaten und kleingehackte Knoblauchzehen untermischen, 20 Minuten köcheln lassen.

Würzen, abschmecken.

Lammkeule aus Andalusien

1 kg Lammkeule
3 Knoblauchzehen
1/8 l Weißwein
Saft einer Zitrone
Salz
Pfeffer
2 Gemüsezwiebeln
frischer Rosmarin
Thymian
Öl

Fleisch säubern und trockentupfen, dann salzen, mit den gepreßten Knoblauchzehen und dem frischen Rosmarin einreiben. 2–3 Stunden ziehen lassen, dann in heißem Öl von allen Seiten anbräunen.

Weißwein und Zitronensaft zugießen, dann die kleingeschnittene Zwiebel dazugeben, nochmals etwas Rosmarin und den Thymian. Zugedeckt im Rohr ca. 50 Minuten garen.

Auf einer heißen Platte anrichten und mit dem eingekochten Bratenfond übergießen. Dazu gibt es Kartoffeln und Gemüse.

Lamm muß sehr heiß serviert werden, sonst schmeckt es talgig.

Werden Sie ein Knoblauch-Mensch

– Ein Nachwort –

Mit den Erkenntnissen rund um den lila Knoblauch aus spanischer Erde rückt ein langes Wunschziel der Menschheit näher: ein längeres Leben mit hoher Lebensqualität, voll Vitalität und beachtlicher Widerstandskraft gegenüber äußeren Gefahren.

Ringen doch auch Sie Ihrem Schicksal sieben Jahre ab und gehen Sie zielbewußt und zuversichtlich in eine gesunde, jugendliche Zukunft.

Erhalten Sie sich Ihre geistigen und körperlichen Qualitäten möglichst lange. Werden Sie ein Knoblauch-Mensch, der ja zum Leben sagt. Ein Mensch, der fröhlich, drahtig, mit starker Immunkraft und jugendlichem Elan beeindruckt. Ein Mensch, der die Kraft des lila Knoblauchs nützt …

Rezeptverzeichnis

– Nach Sachgebieten geordnet –

Kartoffelgerichte mit Knoblauch

Gesunde Hausmannskost – Die besten Knoblauch-Rezepte von Mutter Köhnlechner

Landesübliche Gerichte aus Spanien

Register